船舶电气系统及输配电自动化技术

何永玲 著

北京工业大学出版社

图书在版编目（CIP）数据

船舶电气系统及输配电自动化技术 / 何永玲著 .—
北京 ：北京工业大学出版社，2025.7重印
ISBN 978-7-5639-6741-4

Ⅰ . ①船… Ⅱ . ①何… Ⅲ . ①船用电气设备②输配电线路—自动化技术 Ⅳ . ① U665 ② TM726

中国版本图书馆 CIP 数据核字（2019）第 023432 号

船舶电气系统及输配电自动化技术

著　　者： 何永玲
责任编辑： 刘卫珍
封面设计： 点墨轩阁
出版发行： 北京工业大学出版社
（北京市朝阳区平乐园 100 号　邮编：100124）
010-67391722（传真）　bgdcbs@sina.com
经销单位： 全国各地新华书店
承印单位： 三河市元兴印务有限公司
开　　本： 787 毫米 ×1092 毫米　1/16
印　　张： 12.75
字　　数： 255 千字
版　　次： 2021 年 10 月第 1 版
印　　次： 2025 年 7 月第 4 次印刷
标准书号： ISBN 978-7-5639-6741-4
定　　价： 39.00 元

前　言

随着我国科技的迅速发展，船舶行业的发展也突飞猛进，人们也越来越重视船舶的自动化发展。船舶电气系统是船舶的一个重要部分，自动化技术覆盖了船舶电气系统的大部分机构，一旦自动化技术出现故障，船舶就不能正常运行，因此，船舶自动化技术向综合化、智能化和网络化方向的发展，是保证船舶安全行驶的关键。

船舶电气系统在实际运行过程中，由于设备或操作等方面的原因，可能出现故障或处于非正常运行状态，使系统的安全可靠运行受到威胁，严重时会导致设备的损坏或整个电气系统的供电中断，为此，船舶电力系统必须设置可靠的保护装置。有了保护装置，危急情况下可以通过保护电器的选择性动作，迅速而可靠地断开电路中的故障部分，保证对非故障电路，特别是重要设备的非故障电路的连续供电，以保证船舶安全运行。船舶电站是船舶及其电气系统的核心，船舶电站自动化是船舶机舱自动化的重要组成部分。随着船舶工业的飞速发展，船舶大型化和自动化以及电子信息技术和自动控制技术的不断发展，特别是近几年来计算机技术、控制技术、通信技术、网络技术等的发展，船舶上已出现集监、控、管于一体的网络型船舶电站综合自动化系统。船舶自动化系统正向着监控的综合化和网络化方向发展。

本书围绕船舶电气系统及输配电自动化技术，在内容编排上共设置六章，分别是船舶电气与电力拖动基础、船舶电力系统与船舶电网、船舶配电装置与照明系统、船舶发电机与电站保护、船舶自动化电站与自动舵控制、船舶自动化及主机遥控监测报警系统。

本书一方面内容充实，通俗易懂，不仅包含了船舶电气系统以及输电技术的主要理论，也注重船舶自动化及主机遥控监测报警管理，对所涉及的知识点都进行了较为详细的论述；另一方面试图构建较为科学、完善的知识结构。内容上反映船舶电气与自动化在船舶的实际应用，理论与实际密切结合，尽量体现新的科学技术在船舶电气系统及自动化技术中的应用，以适应对现代新型船舶管理的需要。这对船舶电气系统及输配电自动化技术的理论研究与实践应用具有非常重要的意义。

本书的撰写得到了北部湾大学冯志强教授、张占安副教授等高校学者和广西电网钦州新区供电局廖彬杰、李瑞琦等企业专家的帮助和指导，在此表示诚挚的谢意。由于作者水平有限，加之时间仓促，书中所涉及的内容难免有疏漏与不够严谨之处，希望各位同行、专家、老师多提宝贵意见，以待进一步修改，使之更加完善。

作　者

2018 年 11 月

目 录

第一章　船舶电气与电力拖动基础

船舶电气与电力拖动基础，包括船舶电子电气基础知识，船舶电力拖动基础、船舶电力拖动控制系统。本章以直流电路、正弦交流电路、电与磁的基础知识为切入，重点论述电力拖动的一些基本概念，交直流电动机的启动、调速、制动等基本原理和方法，以及异步电动机常用控制线路、锚机、起货机电力拖动控制系统和起货机电力拖动控制系统。

第一节　船舶电子电气基础知识

一、直流电路的基础知识

（一）直流电路的基本概念

电流经过的通路即电路，电路通常都以特定的方式，将电气设备以及元件组合在一起，以满足一定的需要。若以其作用来划分，电路可以有两种分类方式：第一类是用于电能的传输以及电能的转换。最典型的例子是电力系统；第二类是用来处理和传递信息的电路，即信息系统。[①] 所有完整的电路，都由三个部分组成：①电源部分；②负载部分；③中间环节。

电源：电源是为设备提供电能的基本装置，比如电池、电机等，这一装备能够实现非电能向电能的转换。负载：负载属于用电设备，其作用是消耗电能，比如电灯、电动机等，这一装置的工作过程，是把电能转换成非电能。中间环节：控制和传输电能的装备，属于中间环节。中间环节主要包括用于控制电器的开关、熔断器、电缆等，它是将负载与电源连接起来的设备。

1. 电流的概念

电荷按照一定的规则，朝着一定的方向进行移动，就形成了电流。电流的具体强度决定着电源的大小，也是其衡量标准。若从数值的层面来看，电流的强度实际上就是导体的横截面在单位时间内所通过的电荷量。

若在极短的时间 dt（S）内通过导体横截面的微小的电荷量为 dq（C），则

① 单海校．船舶电站及其自动化［M］．北京：海洋出版社，2016.

电流为

$$i=\mathrm{d}q/\mathrm{d}t\text{（}A\text{）} \tag{1-1}$$

式（1-1）表示的电流是随时间变化的。

若电源的大小不因时间的长短而发生变化，也就是 $i=\mathrm{d}q/\mathrm{d}t$ ＝常数，那么可将此类电流视为恒定电源，也叫直流。当在 t（s）内有 q（C）的电荷量通过导体横截面，则直流电流 I 可用下式计算，即

$$I=q/\mathrm{d}t\text{（A）} \tag{1-2}$$

我国在工程计算中大多采用国际单位制（SI）。在国际单位制中，电流（强度）的单位是安［培］（A）。常用的小电流单位有毫安（mA）和微安（μA）。

电流的实际方向：规定正电荷移动的方向（负电荷移动的反方向）为电流的实际方向，电流的方向一般用箭头表示。

电流的参考方向：在分析和计算电路时，需要根据电路中各电流的方向，应用电路的基本定律写出分析计算式。但有时仅根据电路中给定的电源极性或条件还不能确定电流的实际方向时，就需要在电路图中对未知电流先任意假设一个电流的参考方向，然后再根据参考方向，应用电路的基本定律写出分析计算式。由于一个电流只有两种可能的方向，因此可在假设参考方向的基础上用数学的正、负加以区别。若通过计算和分析所得到的结果显示电流呈正值，那么预先假定的方向实际上就是电流的真实方向；若通过计算和分析所得到的结果显示电流呈负值，那么预先假定的方向与电流实际移动的方向相反。

2. 电压与电位的概念

电场力和非电场力：电荷与电荷间所产生的作用力称为电场力，其主要特点为异号之间的电荷相互吸引，同号之间的电荷相互排斥。对电荷产生相应作用，并且同电场力所产生的作用呈相反方向的力，就是非电场力，比如电池产生化学反应时，所发出的对正电荷与负电荷进行分离的力。产生于电源内部的非电场力也可称之为电源力。

所有带电的现象都是在电场力被非电场力克服时，异号电荷被分离后才形成的。在非电场力的作用下，电荷会发生移动；在非电场力的作用下，电荷才能增加电位。与此相反，在电场力的作用下，若电荷发生移动，那么做功的则是电场力，而电荷所拥有的电位也会因此而减少。

电压实际上是一种物理量，它能够具体衡量出电场力针对电荷的做功能力。电路之中两点之间的电压数值，就是在电场力的作用下，将一定单位的

正电荷，从其中一个点移动到另外一个点所做的功，实际上也就是一定单位的正电荷，从其中一个点移动到另一个点所消耗的电位能。由此可以获知，电路当中的任意两点，它们之间的电压，实际上就是这两个点各自的电位之间的差异。

通常电压的移动方向，都被规定为由高电位走向低电位，所以电压也被称为电压降，有些情况下也称其为电位降。

若无法确定电压流动的实际方向，也可以假定一个方向作为参考方向。但是除了电源之外，其他电路中的电流，全部都是由高电位向低电位流动的，电流的具体方向与电压有着密切的关联，若电压及电源的方向均无法确定时，当电流的参考方向被假设，就意味着电压降的方向，同时也被关联性地设定了。

电压的方向可用“+”“-”极性表示，也可用箭头或双下标表示。（U_{ab} 表示方向由 a 指向 b）

电位：电路中的某点的电位等于该点到零电位（或称参考电位）的电压。

零电位点可任意选取，所选的零电位点不同，则电路各点的电位也随之改变，所以电位值是相对的，但两点之间的电位差（即电压）是绝对的，与零电位点的选择无关。通常选取电路的公共点作为零电位点。只要已知电路中某点的电位（该点的电位可以是 0，也可以不是 0），则其他任意一点电位可通过计算两点之间的电压求得。

电压、电位的国际单位是伏［特］（V）。常用的单位还有千伏（kV）、毫伏（mV）和微伏（μV）。

3. 电动势的概念

电动势：衡量电源力对电荷做功能力的物理量。电源的电动势 E 在数值上等于电源力把单位正电荷从电源的低电位（负）端经电源内部（也是导体）移到电源高电位（正）端所做的功，也就是单位正电荷所获得的电位能。因此电动势的量度单位与电压的相同，也是伏特。

电动势的规定方向：电动势通常都是自低电位端（即电位的负端）朝向高电位端（即电位的正端）的，这同电压移动的方向正好相反。由于有电源力存在于电源内部，正电荷自正端返回负端的过程无法在电源内部进行。但是若有外部存在的负载电路与电源相连接，那么电场力可发挥其特殊的作用，促成正电荷在外电路中实现自高电位端向低电位端的移动，这样就形成了电路中的电流。在电场力不断减少，两端电荷也相对减少的情况下，电场力所形成的阻力能够被电源力所突破，此时电源力能够将正电荷移动至高电位的一端，这样电流就能够保持连续流动的状态。由于有着电场力的促进作用，电荷可通过外部的负载电路实现移动，在此过程当中，因为需要克服电路中的阻力，电荷的电位能就会不断减少，这个过程就实现了电能向非电能的转化。

（二）直流电路的基本定律

1. 欧姆定律

（1）线性电阻电路的欧姆定律

欧姆定律指出，电阻两端的电压 U 与流过电阻的电流 I 成正比，其比值就是该电阻 R。欧姆定律是分析和计算电路的最基本定律。

当电路中某一电阻 R 的电压 U 和电流 I 的参考方向一致时，欧姆定律的数学表达式为

$$R=\frac{U}{I} \tag{1-3}$$

当电路中某一电阻 R 的电压 U 和电流 I 的参考方向相反时，则以上式子应加一负号，即欧姆定律的数学表达式为

$$R=-\frac{U}{I} \tag{1-4}$$

这里应注意，一个式子中有两套正负号，式子中的正负号是根据电路所选电压和电流的参考方向得出的，此外，电压和电流本身还有正值和负值之分。

在国际单位制中，电阻的单位为欧［姆］（Ω），计量高电阻时，常用千欧（kΩ）或兆欧（MΩ）。

人们通过实验总结出了欧姆定律 $I=\frac{U}{R}$，得出了电压与电流的正比关系。电压值位于电阻的两端，电流值可以流过电阻，这两者我们都可通过测量得出，并且可以据此画出一条直线，这条直线会通过原点。人们将电阻中遵循欧姆定律的那一部分称为线性电阻，线性电阻是一个常数，它能够显示出一段电路的基本特性，但与电流及电压均无关，这个直线被称为“伏安特性曲线”。

（2）影响导体电阻的参数

导体电阻 R 的大小与导体材料的电阻率 ρ（Ω·m）成正比、与导体的长度 l（m）成正比、与导体的截面 S（mm^2）成反比，其计算式为

$$R = \rho \frac{l}{S} \ (\Omega) \quad (1-5)$$

导体材料不同，其电阻率ρ不同。电阻率小的为良导体，如银、铜和铝。锰铜和康铜电阻率较大，常用于制作线绕电阻器、电炉丝等。

实际导体电阻与温度的关系：金属导体的电阻随温度的增加而增大。不同的导体材料有不同的温度系数α(1/℃），其电阻值随温度变化的情况可用式（1-6）计算，即

$$R_2=R_1[1+\alpha(t_2-t_1)]\ (\Omega) \quad (1-6)$$

式中，R_2和R_1是同一个导体分别在温度为t_2（℃）和t_1（℃）时的电阻值。在实际工作中应当注意温度对电阻值的影响，有时它会影响设备的运行性能或引起故障。

根据欧姆定律，电阻的功率P的计算式有三种形式，即

$$P=UI=I^2R=U^2/R\ (\text{W}) \quad (1-7)$$

功率的单位是焦［耳］/秒（J/s），称为瓦特，简称瓦（W）。电气工程中常用千瓦（kW）作为功率的单位。

电路的电能W是在一定时间t内所转换的电能，即

$$W=Pt=UIt\ (\text{J}) \quad (1-8)$$

电能的单位为焦［耳］（J）。因为焦［耳］这个单位太小，计量不方便，所以电气工程中常用千瓦时（kW·h）作为电能的计量单位，1千瓦时俗称1度电。它们的换算关系：1度电＝3.6×10^6（J）。

2. 有载工作

电路的负载与电源接通，即为电路的有载工作状态。电路有载工作状态的特征分别介绍如下。

（1）电路中的电流

当电路接通时，电路的电流为

$$I = \frac{E}{R_0 + R} \quad (1-9)$$

电流的大小主要决定于负载电阻。

（2）电源的外特性

实际电源的端电压U小于其电动势E。根据欧姆定律的变形公式$U=IR$，可得电路的电压平衡方程式

$$U=E-IR_0 \tag{1-10}$$

式（1-10）表明，电源的电动势减去电源的内阻电压降 IR_0，等于电源的端电压 U，因此负载电流越大，其端电压越低。电源的端电压 U 与其输出电流 I 的关系曲线称为电源的外特性曲线。其斜率与电源的内阻 R_0 有关，电源的内阻越小，输出电压就越稳定，当 $R_0 \ll R$ 时，则

$$U \approx E \tag{1-11}$$

式 (1-11) 表明，当负载电流变化时，电源的端电压基本不变，近似是一个理想的恒压源。

（3）电路的功率与功率平衡

将式（1-10）两边各项均乘以电流 I，则变为电路的功率平衡方程式

$$UI=EI-I^2R_0 \text{ 或 } P=P_E-P_0 \tag{1-12}$$

式（1-12）表明，电源实际输出的功率小于它产生的功率。电源所产生的功率减去内阻损耗的功率（$P_0=I^2R$）等于负载电路消耗的功率（$P=UI-I^2R$），即电路中电源产生的功率与电路消耗的功率总是相平衡的。

（4）电源与负载的判别

大多数电源都是可逆的，也就是在电源状态下也能工作，此时一般处于对电能的输出状态，同时，在负载的状态下也能工作，此时处于对电能的吸收状态。例如，蓄电池在放电时工作在电源状态，在充电时工作在负载状态。

通常根据电压 U 与电流 I 的实际方向来判别某个元件是电源还是负载。

当元件上电压 U 与电流 I 的实际方向相反，电流从“+”端流出，输出功率，是电源；当元件上电压 U 与电流 I 的实际方向相同，电流从“+”端流入，取用功率，是负载。

3. 开路与短路

①开路就是负载电路与电源断开。故障开路与工作开路共同的特征是：电路电流 $I=0$，电路为零功率，电阻为零电压，电源处于空载状态。

电源开路一端的电压同电源的电动势是相等的。所以要想获得电动势，可通过对实际电源的开路电压进行测量来得到。若想排查开路端的故障点，也可通过对嫌疑开路点的电压进行测量来进行。

电路开路时的特征可用下列各式表示

$$\left.\begin{aligned} I &= 0 \\ U &= U_0 = E \\ P &= 0 \end{aligned}\right\} \tag{1-13}$$

②短路即电源输出两端被电阻为零的导体联结，其特征是：端电压 $U=0$，而短路电流 I_s 很大。由电压平衡方程式可知，当 $U=0$ 时，短路电流为

$$I_s = \frac{E}{R_0} \tag{1-14}$$

电路短路时的特征可用下列各式表示

$$\left.\begin{aligned} & U = 0 \\ & I_s = \frac{E}{R_0} \\ & P_E = \Delta P = I^2 R,\ P = 0 \end{aligned}\right\} \tag{1-15}$$

一般电源的内阻 R_0 都很小，故短路电流比额定电流大很多倍，内阻上的电流热效应足以将电源烧毁。同时巨大的短路电流也会在短路的线路上产生巨大的热量而迅速燃烧起来。电路短路是引发火灾的重要原因之一，所以所有电路都必须采取短路保护措施，通常加装熔断器或自动断路器，当电路发生短路时，立即切断电路，避免事故进一步扩大。产生电路短路的原因主要有：①电气设备绝缘老化或破损；②操作不当。所以经常检查电气设备的绝缘是预防电路短路的重要措施，同时操作要规范。

4. 基尔霍夫定律

计算和分析电路最基本的定律就是欧姆定律，但此定律只适用于较为简单的电路，若需对复杂的电路进行分析和计算，就要使用基尔霍夫定律。

下面先来介绍几个相关的概念。

支路：电路中的每一个分支，称为支路，每一条支路都有一个支路电流。

节点：三条或三条以上支路相连接的点。

回路：由一条或多条支路所组成的闭合电路。

（1）基尔霍夫电流定律

基尔霍夫电流定律认为，任何一个瞬间，一个节点中流入的电流之和，同流出的电流之和是相等的。若假设向着节点流入的电流是正值，那么自节点流出的电流是负值，所以在任何一个瞬间，任何一个节点上电流的代数和

都为零，也就是

$$\sum I = 0 \tag{1-16}$$

基尔霍夫电流定律反映了电荷守恒定律和电流连续性原理。在电路中定向移动的电荷既不能创生，也不能消灭，并且还要保持连续的移动，所以在任一瞬时，流入节点的电荷必然等于流出该节点的电荷。

根据电荷守恒定律和电流连续性原理，可把节点推广为封闭面，称为广义节点，流入（或流出）广义节点的电流的代数和等于零。

在电路中节点电流的参考方向可以设为全部指向节点或背向节点，这并不表明实际电流只进不出或只出不进，通过计算可知其中必有负的电流。

（2）基尔霍夫电压定律

基尔霍夫电压定律（简称 KVL）指出：任一瞬时，沿任一回路绕行一周，回路各段的电位降之和等于电位升之和。或者这样表示：任一瞬时，沿任一回路绕行一周，回路各段的电压代数和恒为零，即

$$\sum U = 0 \tag{1-17}$$

在这里，可规定电位升为正，电位降为负。

基尔霍夫电压定律反映的是电路中电位能的变化关系，从回路的某一电位点出发绕行回路一周，尽管绕行过程中电位有升降，但最后又回到原电位点，故绕行一周电位变化的代数和为零。基尔霍夫电压定律不仅满足回路，也可推广用于开口电路。

5. 电阻的串、并联和混联电路

（1）电阻的串联

电阻的串联指的是两个或两个以上的电阻按顺序，一个一个连接起来，所有的电阻中流过的电流都是相同的。

串联等效电阻：串联等效电阻 R 等于各串联电阻之和，即

$$R=R_1+R_2+\cdots+R_n \tag{1-18}$$

等效条件就是用等效电阻代替串联电阻而不改变原串联电阻电路的电压 U 与电流 I，即

$$I=I_1=I_2=\cdots=I_n \tag{1-19}$$

根据基尔霍夫电压定律

$$U=U_1+U_2+\cdots+U_n=I_1R_1+I_2R_2+\cdots+I_nR_n=I\,(R_1+R_2+\cdots+R_n) \tag{1-20}$$

根据欧姆定律$I=\dfrac{U}{R}$，有

$$U=IR$$

由以上两式可得

$$R=R_1+R_2+\cdots+R_n$$

串联电阻的分压：因各串联电阻中流过的电流都是相同的，故每个电阻的电压与其电阻成正比。

假设两个电阻R_1和R_2串联，$I=I_1=I_2$，$U=U_1+U_2$，R_1和R_2的分压分别为

$$U_1=IR_1=\frac{R_1}{R_1+R_2}U \tag{1-21}$$

$$U_2=IR_2=\frac{R_2}{R_1+R_2}U \tag{1-22}$$

式（1-21）和式（1-22）就是分压公式，分压系数等于分压电阻同串联总电阻之比。

各串联电阻中的电流是相同的，因此任何一个串联电阻所具有的功率都同其电阻成正比。串联电阻经常被用于限流和分压，比如对于电气设备来说，若其电源电压高于其额定的电压时，就需要利用串联电阻来实施分压；再比如，在一个电压表上，串联数个分压电阻，就可以将其制作成多量程的电压表。通过串联电阻，还可对电流负载过大的设备进行调节。值得注意的是白炽灯的串联，每个灯实际分配的电压与灯丝电阻成正比，而不取决于它的标称电压，为保证各灯分配的电压相等，灯丝电阻必须相等，即串联各灯的额定电压和功率必须相同。

（2）电阻的并联

电阻并联，指的是两个公共节点间，连接有两个或两个以上的电阻，其电压相同。

并联等效电阻：并联等效电阻的倒数等于各个并联电阻倒数之和，即

$$\frac{1}{R}=\frac{1}{R_1}+\frac{1}{R_2}+\cdots+\frac{1}{R_n} \tag{1-23}$$

对于两个电阻并联，有

$$U=U_1=U_2$$

根据基尔霍夫电流定律

$$I=I_1+I_2=\frac{U}{R_1}+\frac{U}{R_2}=U(\frac{1}{R_1}+\frac{1}{R_2}) \tag{1-24}$$

根据欧姆定律

$$I=\frac{U}{R} \tag{1-25}$$

由式（1-24）和式（1-25）可得

$$\frac{1}{R}=\frac{1}{R_1}+\frac{1}{R_2}\text{或}R=\frac{R_1R_2}{R_1+R_2} \tag{1-26}$$

并联的电阻越多，其等效电阻越小，它比并联电阻中最小的电阻还要小。

并联电阻的分流：由于节点电压 U 相同，故根据欧姆定律可得每一并联电阻的分支电流与其电阻成反比。

两并联电阻的电流分别为

$$I_1=\frac{U}{R_1}=\frac{IR}{R_1}=\frac{R_2}{R_1+R_2}I \tag{1-27}$$

$$I_2=\frac{U}{R_2}=\frac{IR}{R_2}=\frac{R_1}{R_1+R_2}I \tag{1-28}$$

式（1-27）和式（1-28）称为分流公式。计算一个支路电流时，其分流系数的分子是另一并联支路的支路电阻，而分母则是两并联支路电阻的总和。

由于电气设备大都并联在恒定电压的电网或电源上运行，并联的用电设备越多，其等效负载电阻越小，电路的电流和功率越大。我们通常说的减小负载电阻以增加电路的负载，就是针对这种恒压源下的并联电路而言的。

（3）电阻的混联

电阻的混联：既有串联又有并联的电阻电路。混联电路应用较广，形式多样。分析计算这种电路的关键在于找出它的串联部分和并联部分，然后分别按照串联和并联进行计算。若电路图上，无法明确分辨串联和并联的具体情况，可以尝试着缩短相关的连线，或者将元件的位置稍加改变，经过修改，即可较为清晰地分辨出串联及并联的具体情况。

二、正弦交流电路的基础知识

交流电与直流电有一个本质的区别——那就是对时间影响的敏感程度，时间的变化会影响交流电的移动方向及大小，直流电移动的方向及大小则不会受到时间的影响。但通常所说的交流电，是电压和电流的大小及方向随时间按正弦规律周期性变化的正弦交流电。交流电路指的也就是正弦交流电路。

在生产和日常生活中所用的电能多属交流电，如船用交流发电机中产生的电动势以及交流电动机中流过的电流都是正弦交流电。

分析和计算正弦交流电路，主要是为了确定各种正弦交流电路中电压与电流之间的关系以及功率问题。正弦交流电路具有与直流电路不同的特点，因此在学习和分析正弦交流电路时，必须建立正弦交流电的概念，以免引起混乱。

（一）正弦交流电的基本概念

正弦交流电路中，电压*n*、电流*i*以及电动势*e*随时间按正弦规律发生变化。按正弦规律变化的电压*u*和电流*i*以及电动势*e*，统称为正弦量，它们都是时间的正弦函数。其中电压*u*、电流*i*可以通过以下列式表示

$$u = U_m \sin(\omega t + \psi_u) \tag{1-29}$$

$$i = I_m \sin(\omega t + \psi_i) \tag{1-30}$$

式（1-29）和式（1-30）也可在直角坐标系中用相应的正弦曲线表示，称为波形图。

由于正弦量的方向周期性变化，故在电路图中只标明其参考方向，即正半周的方向；而负半周的实际方向与参考方向相反，故其值为负值。

1. 正弦交流电的基本要素

各正弦量都是按相同的正弦规律变化的，但各正弦量的变化幅度大小、周期性变化的快慢和在一个周期中达到正的最大值的时间先后都不尽相同，只要知道了这三个方面的具体情况，就可以确定或比较正弦量在任一时刻*t*的大小和方向。正弦量的最大值（或有效值）、角频率（或频率和周期）和初相角是表征这三个方面的特征值，故被称为正弦量的三要素。

（1）正弦交流电的周期、频率和角频率

正弦量周期性变化一次所需要的时间称为周期*T*，而每秒变化的次数称为频率*f*，频率与周期是互为倒数的关系，即$f = \frac{1}{T}$。频率的单位是赫兹（Hz）。

正弦量变化一个周期经历 2π 弧度，每秒经历的弧度（$\frac{2\pi}{T}$）称为角频率ω，单位是弧度 / 秒（rad/s）。*T*、*f*和ω都是表示正弦量变化快慢的特征值，三者的关系为

$$\omega = \frac{2\pi}{T} = 2\pi f \tag{1-31}$$

例如：频率$f = 50\text{Hz}$，则周期$T = \dfrac{1}{f} = 0.02\text{s}$，角频率$\omega = 2\pi f = 314\text{rad/s}$。

国际上大多数国家，包括我国的电力系统，都将50Hz作为标准频率；而日本、美国等国家采用的标准频率为60Hz。船舶电力系统的标准频率也是这两种。这两种频率通常称为工频。此外，在不同的技术领域使用着各种不同的频率，如无线电工程中使用的频率高达10kHz～3000000MHz。

（2）正弦交流电的幅值

正弦交流电在任一瞬时的大小称为瞬时值，用小写英文字母表示，如u、i和e分别表示电压、电流和电动势的瞬时值。瞬时值中最大的值称为最大值或幅值，用带下标m的大写英文字母表示，即U_m、I_m或E_m，分别表示电压、电流和电动势的最大值或幅值。电压、电流和电动势的瞬时值表达式如下

$$u = U_m \sin(\omega t + \psi)$$
$$i = I_m \sin(\omega t + \psi)$$
$$e = E_m \sin(\omega t + \psi)$$

正弦量的最大值是表明正弦量大小的特征量。

（3）正弦交流电的初相位

要确定一个正弦交流电，除了幅值和频率，还需要考虑正弦交流电的计时起点。因为正弦交流电是时间的正弦函数，所以取不同的计时起点，正弦量的初始值即t=0时的值也就不同。

在正弦量瞬时值表示式中的（$\omega t + \psi$）称为正弦量的相位角或称相位，它反映了正弦量变化的进程。相位角$\omega t + \psi = 0$的点为零相位点，即正弦量由负变正所过的零点。相位角连续地变化，正弦量的瞬时值也随之连续地变化。从零相位到2π相位，每一相位所对应的瞬时值的大小、方向和变化趋势都不相同。

t=0（即计时开始）时的相位角ψ称为初相角或初相位，简称初相。初相位用于确定t=0时的瞬时值。

在正弦交流电路中，电流与电压有着相同的频率，但两者的初相位并不一定是相同的。两个同频率正弦量的相位角之差称为相位角差或相位差，用φ表示，即

$$\varphi = (\omega t + \psi_u) - (\omega t + \psi_i) = \psi_u - \psi_i \tag{1-32}$$

式（1-32）表明，两个同频率正弦量之间的相位差等于其初相位之差。当两个同频率正弦量的计时起点（t=0）改变时，它们的相位和初相位都跟着

改变，但是两者之间的相位差仍保持不变。

当电压 u 和电流 i 的初相位不同时，它们的变动进程是不一致的，即不是同时到达正的幅值或零值。

当 $\varphi=\psi_u-\psi_i>0$ 时，表明 u 比 i 先到达正的幅值，这时就说在相位上 u 比 i 超前 φ 角，或者说在相位上 i 比 u 滞后 φ 角。

当 $\varphi=\psi_u-\psi_i<0$ 时时，表明 u 比 i 后到达正的幅值，这时就说在相位上 u 比 i 滞后 φ 角，或者说在相位上 i 比 u 超前 φ 角。

可见初相位不仅是反映正弦量 t=0 时的相位，也是比较同频率正弦量之间相位变化进程的一个特征量，是正弦量的三要素之一，而相位和相位差都不是正弦量的三要素之一。当分析计算两个或两个以上的同频率的正弦量时，通常可以任意选择一个正弦量的初相角为零，称为参考相位，该正弦量称为参考正弦量。

2. 正弦交流电的有效值

正弦交流电的大小每时每刻都在变化，这是其瞬时值，用它来表示大小是没有意义的。在实际计算中，常用有效值来表示正弦交流电的大小。

有效值从电流的热效应观点表示交流电的大小：如果一交流电流 i 流过一电阻 R，在一定的时间（例如一个周期 T 的时间）内的发热量，与一直流电流 I 通过同一电阻 R 在相同的时间内的发热量相等，则交流电流 i 的有效值在数值上就等于该直流电流 I。

有效值用不带下标的大写英文字母表示，即 U、I 或 E 分别表示电压、电流和电动势的有效值。理论和实验都已证明，正弦交流电的有效值恰好是它最大值的 $\frac{1}{\sqrt{2}}$，即

$$U=\frac{U_{\mathrm{m}}}{\sqrt{2}},\ I=\frac{I_{\mathrm{m}}}{\sqrt{2}},\ E=\frac{E_{\mathrm{m}}}{\sqrt{2}} \tag{1-33}$$

由于正弦量的有效值与最大值之间有固定的数值关系，故有效值和最大值同为表示正弦量大小的特征值。

正弦电压和电流通常采用有效值来计量，如交流电压表、电流表测量指示的是有效值，交流电器铭牌上的额定值也是有效值，通常所说的交流电压 220V、电流 5A 等也是有效值。

3. 正弦量的常用表示方法

一个正弦量具有幅值、频率及初相位三个特征或要素。而这些特征或要素可以用一些方法表示出来，正弦量的表示方法是分析和计算正弦交流电路的工具。

正弦量的表示方法除上述的正弦函数式及波形图外，还有相量表示法。因为同频率正弦量之间的判别就在于它们的最大值（或有效值）和初相位，而交流电路的分析计算也首先是这两个特征值，即确定正弦量之间的大小和相位关系。虽然正弦函数表示式及波形图是基本的表示方法，但即使是对正弦量进行简单的加减运算也是比较烦琐的。所以交流电路的计算主要采用相量表示法，它可使烦琐的分析和计算变得更为简便。

（1）相量图

由于在一个正弦交流电路中，电压和电流的频率是相同的，因此在分析和计算正弦交流电路时主要考虑各正弦量之间的大小和相位关系。在直角坐标系中画一有向线段，它的长度表示正弦量的有效值，它与横轴正方向的夹角为正弦量的初相角，这样的有向线段称为相量。

正弦量的相量用正弦量的有效值字母符号上面加一个圆点“·”来表示，如$\dot{I}$。在同一图中表示同频率正弦的有向线段初始位置的图，称为相量图。

为了清晰起见，画相量图时不必画出坐标轴，仅默认它们的存在。根据给定的各正弦量的有效值的大小按比例确定相量的长度，按各自的初相位（即有向线段与横轴正方向的夹角）分别画出各相量，并明确标明各相量的文字符号和初相位的角度（或符号）。

正弦量用相量图表示，画起来比较简便，看起来比较直观，各量的数值大小和相位关系一目了然。用相量图平行四边形法求正弦量的和或差要比用三角函数简单明了，所以相量图是分析交流电路的基本方法之一。

（2）复数相量表示法

若上述表示正弦量的有向线段的直角坐标的横轴为实轴，以＋1为单位；纵轴为虚轴，以＋j为单位（j为虚数单位，$j^2=-1$），则这些有向线段可用复数表示，用复数表示的正弦量称为复数相量，简称相量。复平面上的任何点或有向线段，都可用复数表示，常采用三种基本复数表示式，即复数的代数式（直角坐标式）、指数式、极坐标式。

复数的加减运算采用代数式（直角坐标式）比较方便，实部和虚部分别加减；复数的乘除运算采用指数式或极坐标式比较方便，模相乘或相除，辐角相加或相减。

（二）电阻、电感、电容元件的正弦交流电路

前面分析了交流电的基本概念和正弦量的各种表示法，下面分析正弦交流电路，首先分析单一元件的正弦交流电路。

在交流供电系统中，各种电气设备（如船用电动机、照明灯具等）的作用虽然不同，但是，都可归纳为三类元件，即电阻、电感和电容元件。首先

分析单一元件在交流电路中电压与电流之间的大小与相位关系，并分析能量的转换和功率问题，为几种元件的混合电路打下基础。

1. 纯电阻元件的正弦交流电路

（1）电压与电流之间的关系

根据欧姆定律，任一瞬时，在交流电路中的一个理想电阻上的电压与流过该电阻的电流成正比。为分析方便，选择电流为参考正弦量，设电流的初相位为零，电阻元件交流电路中：电压与电流的频率相同；电压与电流同相位；电压与电流的最大值（或有效值）成正比，关系为：$U=IR$。

根据它们的有效值和初相位，可写出其复数相量关系式，即 $\dot{U}=\dot{I}R$。

上式不仅表达了电压与电流的有效值大小关系，同时也表明了它们的相位关系。

（2）能量转换关系及功率

虽然电压和电流大小和方向周期性的变化，但电阻的电压和电流的方向总是一致的，故在交流电路中，电阻在任一瞬时都是一个消耗电能的元件。任一瞬时的电压 u 和电流 i 的乘积，称为瞬时功率，用小写字母 p 表示，即 $p=ui$。

瞬时功率的平均值，称为平均功率，也称有功功率，常简称功率，用大写字母 P 表示，即 $P=UI$。根据上述电压和电流的有效值关系，电阻功率的计算式也有三种形式，即

$$P=UI=I^2R=\frac{U^2}{R} \tag{1-34}$$

在形式上与直流电路电阻功率的计算式完全相同。

电阻对电流产生阻力而消耗电能，并将其所消耗的电能全部转换为热能，这种能量形式的转换是不可逆的，电阻元件是耗能元件。

2. 纯电感元件的正弦交流电路

（1）电压与电流之间的关系

在交流电路中的理想电感线圈 L 通过交流电流 i 时，将产生自感电动势 e_L。当 i 和 e_L 的参考方向一致时，$e_L=-L\frac{\mathrm{d}i}{\mathrm{d}t}$。由于自感电动势的产生使线圈两端有了电压 u，在数值上 $u=e_L$，但两者的方向总是相反的，如果设两者的参考方向相同，则

$$u=-e_L=L\frac{\mathrm{d}i}{\mathrm{d}t} \tag{1-35}$$

若选取电流为参考正弦量，可知在电感元件交流电路中：电压与电流的频率相同；电压在相位上超前电流90°；电压与电流的最大值（或有效值）成正比。

感抗表示了在交流电路中电感元件对电流的阻碍作用。和电阻一样，它也具有限流和降压的作用，但它与电阻有本质的区别。电感是电感线圈所固有的，而感抗则不是，只有在正弦交流电路中电感才呈现感抗，且感抗随频率而变，感抗与频率成正比，频率越高对电流阻碍越大。

（2）能量转换关系及功率

电感元件的瞬时功率：$p=ui$。电感的平均功率 $P=0$。

当瞬时电压和电流同方向时，电感吸收电能（$p>0$），将电能转换为磁场能；当两者方向相反时（$p<0$），电感又将磁场能转换为电能返还给电源，在一个周期中吸收和放出的能量相等，故平均功率为零。所以理想电感元件不消耗电能，是一个储能元件。

在交流电路中，电感虽然没有消耗电能，但它与电源之间一直进行着能量的互换。这种能量互换的规模大小，用瞬时功率的最大值来衡量，称为无功功率，用 Q_L 表示，即 $Q_L=UI$。无功功率的单位是乏（var），或千乏（kvar）。

3. 纯电容元件的正弦交流电路

电容器是由互相绝缘的平行板导体构成的。电容器带电时，两极板上聚集有等量的反向电荷量 q，因而两极间有电位差 U。

电容器极板上聚集的电荷量 q 与其两端电压 U 成正比，其比例常数就是电容器的电容 C，即 $C=\frac{q}{U}$。电容 C 的大小表明了电容器储存电荷的能力，即在单位电压下极板上所聚集的电荷量的多少。

电容的单位是法［拉］（F）。法拉单位很大，故常用较小的单位微法（μF）和皮法（pF）。

电容的一个显著特点是，电容电压不能突变。电容电压的变化需要经历一个充电或放电的能量变化过程。当断开有电容的电路时，如果电容没有放电回路，它将保持在正常工作时所存储的电荷和电压。如果这种电压较高，人体触及时电容会通过人体放电，使人感到电击。所以尽管断开了电源，在操作或检修这种电路时，应对电容进行短路放电。

串联等效电容：串联等效电容的倒数等于各串联电容倒数之和，即

$$\frac{1}{C}=\frac{1}{C_1}+\frac{1}{C_2} \tag{1-36}$$

并联等效电容：并联等效电容等于各并联电容之和，即 $C=C_1+C_2$。

当电容的标称电压低于电路电压时，也可用串联的方法解决耐压问题，但串联等效电容也应等于所要求的电容。

直流电解电容有“+”“-”极性，极性接反电容将被击穿。

（1）电压与电流之间的关系

由于电容的电压与其极板上的电荷量成正比，即 $q=Cu$，当电容电压发生变化时，其极板上的电荷量也随着发生变化，从而产生电容电流。当电压与电流的参考方向一致时，则电容电压与电流的关系为

$$i=\frac{\mathrm{d}q}{\mathrm{d}t}=C\frac{\mathrm{d}u}{\mathrm{d}t} \tag{1-37}$$

若选取电压为参考正弦量，则电压瞬时值关系式为

$$u=U_m\sin\omega t \tag{1-38}$$

电流的瞬时值关系式为

$$i=U_m\omega C\sin(\omega t+90^\circ)=I_m\sin(\omega t+90^\circ) \tag{1-39}$$

在纯电容元件的正弦交流电路中：

①电压与电流的频率相同；

②电流在相位上超前电压 90°；

③电压与电流的最大值（或有效值）成正比，关系为

$$I_\mathrm{m}=U_\mathrm{m}\omega C \text{ 或 } I=U\omega C \tag{1-40}$$

即

$$\frac{U_\mathrm{m}}{I_\mathrm{m}}=\frac{1}{\omega C} \text{ 或 } \frac{U}{I}=\frac{1}{\omega} \tag{1-41}$$

其比例常数 $\frac{1}{\omega C}$ 具有欧姆的单位，被称为容抗，用 X_C 表示，即

$$X_C=\frac{1}{\omega C} \tag{1-42}$$

式（1-42）中的容抗表示在交流电路中电容元件对电流的阻碍作用。和电阻一样，它也具有限流和降压的作用，但它与电阻有本质的区别，电容 C 是电容器所固有的，而容抗则不是，容抗随频率而变。容抗与频率成反比，频率越低对电流阻碍越大。电容 C 在直流电路中视作开路。

（2）能量转换关系及功率

电容元件的瞬时功率

$$p = ui = UI\sin 2\omega t \tag{1-43}$$

在一个周期中消耗的电能为零，所以电容的平均功率 $P = 0$。

当瞬时电压和电流同方向时，电容充电吸收电能（$p > 0$），将电能转换为电场能；当两者方向相反时（$p < 0$），电容放电又将电场能转换为电能返还给电源，在一个周期中吸收和放出的能量相等，故平均功率为零。所以理想电容元件不消耗电能，和电感元件一样也是一个储能元件。

在交流电路中，电容虽然没有消耗电能，但它与电源之间一直进行着能量的互换。这种能量互换的规模大小，也用无功功率 Q_C 表示，即用瞬时功率的最大值来衡量，即

$$Q_C = UI = I^2 X_C = \frac{U^2}{X_C} \tag{1-44}$$

根据电感和电容的电压与电流的相位关系，当两者并联时有共同的电压而电流方向相反，当两者串联时有共同的电流而电压方向相反，即当其中之一吸收电能时，另一个在放出电能。通常把电感性无功功率 Q_L 取为正值，电容性无功功率 Q_C 取为负值。

4. 提高功率因数的意义

在直流电路中，功率仅与电流和电压的乘积有关，即

$$P=UI \tag{1-45}$$

在交流电路中，功率不仅与电流和电压的乘积有关，而且还与电压与电流之间的相位差 φ 有关，即

$$P = UI\cos\varphi \tag{1-46}$$

式（1-46）中的 $\cos\varphi$ 是电路中的功率因数。其大小决定于电路（负载）的参数。只有对电阻性负载（如白炽灯、电炉等）来说，电流与电压同相，功率因数最高，$\cos\varphi = 1$；对纯电感（或纯电容）负载来说，电流比电压滞后（或超前）90°，功率因数最低，$\cos\varphi = 0$；对其他负载来说，其功率因数均介于 0 和 1 之间。

若电流同电压存在相位差，也就是其功率的因数不再等于 1，电路出现了能量的互换，出现无功功率，这种情况下会引发如下问题。

（1）发电设备的容量不能充分利用

当负载的额定功率因数＜1 时，若发电机的电流以及电压值均不能超过

额定值，那么发电机只能发出很小的有功功率。发电机所负载的功率因数与其发出的有功功率成正比，与无功功率成反比，也就是说电路中形成的能量互换规模越大，其形成的能量就越无法被充分利用，一部分能量就会用于负载与发电机之间的能量互换。

（2）增加线路和发电机绕组的功率损耗

当发电机的电压 U 和输出的功率 P 一定时，电流 I 与功率因数 $\cos\varphi$ 成反比，而线路和发电机绕组上的功率损耗 ΔP 则与功率因数 $\cos\varphi$ 的平方成反比，即

$$\Delta P = I^2 r = (\frac{P^2}{U^2} r)\frac{1}{\cos^2\varphi} \tag{1-47}$$

式中，r 是发电机绕组和线路总的等效电阻。

由于实际用电设备多为电感性的，如船舶中拖动各类泵的异步电动机、日光灯等，其功率因数也较低，如异步电动机的功率因数在 0.7 ～ 0.9 之间，空载和轻载时更低，日光灯的功率因数也只有 0.5 左右。所以造成供电线路总的负载功率因数不高的根本原因是大量电感性负载的存在，电源与负载之间存在能量互换。要提高功率因数就要减少电源与负载之间的能量互换。但是负载的功率因数的大小是由用电设备本身所决定的，是不能改变的，它们所需要的无功功率也必须得到满足。因此这里所说的功率因数的提高，实际上就是对电网功率的提高。在国民经济发展的过程中，电网功率因数的提高有着十分重要的意义。若功率因数得到充分提升，那么就能对发电设备的容量加以充分利用，大幅度节约电能，实际上就是利用同样数量的发电设备获得更多的电源。

这里需要强调的是，在充分提升功率因数的基础上，既要减小电源与负载之间无功电流，使供电设备的供电能力得以充分利用，又要能就地满足电感性负载所需的无功功率。

按照供用电规则，高压供电的工业企业的平均功率因数不得低于 0.95，一般企业不得低于 0.9，对于船舶电网的平均功率因数也不能太低，所以要采取措施提高功率因数。

5. 提高功率因数的方法

提高功率因数最常用的方法，就是与电感性负载并联电容器。串联支路是电感性负载的等效电路。在未并联电容之前，电路（即供电线路）的电流就等于负载电流，线路功率因数也等于负载的功率因数，并联电容后，因电

压和电感性负载的参数均未改变，所以负载电流和负载功率因数也不会改变。

但是电路的电流减小了，线路功率因数提高了。这是由于电感性负载的滞后无功电流的绝大部分被超前于电压的电容无功电流所抵消。

由于超前无功电流与滞后无功电流任一瞬时都方向相反，当电容放出电能时电感在吸收电能，或者与此相反，即电感性负载与电源之间互换的能量部分由电容代替，就地由电容向电感性负载提供部分的无功功率，从而减少了电源与负载之间的能量互换。电容的平均功率为零，故并联电容后电路的有功功率仍然等于电感性负载功率。

（三）三相交流电源的基本概念

1. 三相对称正弦交流电

无论在陆地还是在船舶上，大部分的交流用电设备均采用三相交流电，三相电源连接三相负载构成三相电路。

三相交变电动势是由三相同步发电机产生的，它的定子和转子铁芯构成磁路，转子绕组通入直流电产生恒定磁场，并使磁感应强度沿气隙圆周按正弦规律分布。在沿定子铁芯内圆周分布的槽中，依次嵌放三组完全相同的三相电枢绕组。三相电枢绕组的安放位置使三个首端之间依次相差 120°。当转子磁极在原动机的拖动下旋转时，正弦分布的磁场切割三相电枢绕组，便在三相电枢绕组中产生正弦感应电动势。

由于磁场对三相电枢绕组的切割速率相同、各绕组匝数和结构相同，故三相感应电动势的频率和幅值相等。如果规定各绕组的电动势参考方向是由绕组的尾端指向首端的，则三相电枢绕组的电动势依次相隔 120° 达到正的最大值，即在相位上依次相差 120°。所以三相同步发电机所产生的是频率相同、幅值相等、相位差互差 120° 的电动势，称为三相对称电动势。由于三相电枢绕组对称，故三相电枢绕组上的电压也是三相对称电压。

2. 三相电源的连接方法

发电机的三个独立的电枢绕组通常采用星形连接，即将三相电枢绕组的三个尾端连接在一起，该连接点称为中心点和零点，从中点引出的导线称为中线或零线。从首端引出的三根导线称为端线或相线，俗称火线。

每相火线与中点（或中线）之间的电压称为相电压，相电压的参考方向从火线指向中线。火线与火线之间的电压称为线电压，线电压的参考方向从前一下标指向后一下标。

电源（发电机或电力变压器）的三相电枢绕组星形连接并引出中线，可作为三相四线制供电系统的电源，对外提供两种电压，即线电压和相电压；星形连接无中线可作为三相三线制供电系统的电源，对外只提供一种电压，即线电压。由于三个相电压是对称的，根据基尔霍夫电压定律，可得三个线电压也是对称的。线电压与相电压的相位关系是：线电压超前于相应的相电压 30°。

三相电源（发电机和变压器）也有三角形连接的，前一相的尾端与后一相的首端连接，由三个连接点引出三条端线，对外只提供线电压可作为三相三线制供电系统的电源，电力发电机很少采用三角形连接。

三、电与磁的基础知识

电磁现象是客观存在的。很多电气设备，如发电机、电动机、变压器、继电器、接触器和电工仪表等都是利用电与磁的互相转化、互相作用而进行工作的。为了更好地管理、使用和维护各种船用电气设备，对于磁场的基本概念、电与磁的互相转化和互相作用应有基本的了解。

（一）磁场的基本概念

1. *磁场和磁力线*

磁铁与磁铁之间有力的作用，磁铁对周围的铁屑有力的作用，磁铁对载流导线有力的作用，平行载流导线之间也有力的作用，这些都是磁现象。这些作用力称为磁力，有这种作用力的空间范围就是磁场。①

在磁场中不同的点所表现的磁力强弱不同、作用方向不同，磁场中小磁针 N 极所指的方向即为该点磁场的方向。磁场常用磁力线（或称磁感应线）来描述。磁力线是无头无尾的空间闭合回线，用磁力线的疏密表示磁场的强弱，用磁力线的方向表示磁场的方向。磁力线任一点的切线方向即为该点的磁场方向。磁铁的磁力线经磁铁内部并通过周围空间而闭合，其磁力线方向在磁铁外部是由 N 极到 S 极的，在磁铁内部是由 S 极到 N 极的。

2. *磁感应强度和磁通*

磁感应强度 B 是用来表示磁场内某点的磁场强弱及方向的物理量，它是一个矢量。如果磁场内各点的磁感应强度大小相等、方向相同，则这种磁场称为均匀磁场。

磁通是穿过某一载面 S 的磁感应强度 B 的通量（即磁力线数）。磁感应强度在数值上等于穿过垂直于磁场方向上的单位面积上的磁通，故又称它为磁通密度。

---

① 赵继广．电磁感应研究［J］．科技风，2018（27）：193-194.

在国际单位制（SI）中，磁通的单位为韦伯（Wb）；磁感应强度的单位是特斯拉（T），$1T = 1Wb/m^2$。在电磁单位制中，磁通的单位是麦克斯韦（Mx），磁感应强度的单位是高斯（Gs）。与国际单位的换算关系是：$1Wb = 10^8Mx$ 和 $1T = 10^4Gs$。

3. 磁导率和磁场强度

磁导率 μ 是表示磁场媒质磁性的物理量，即用来衡量物质导磁能力的物理量。磁感应强度 B 的大小与磁场中的媒质有关，磁场中媒质被磁化可产生附加磁场，因此在同样磁化电流的作用下，磁场中各点的磁感应强度 B 则因媒质 μ 的不同而不同。磁感应强度与磁导率的关系为：$B = \mu H$。

其中 H 是只与产生磁场的电流有关而与磁场中媒质无关的物理量，称为磁场强度。在国际单位制中，磁场强度的单位是安 / 米（A/m）；磁导率的单位是亨 / 米（H/m）。真空的磁导率：$\mu_0 = 4\pi\times10^{-7}H/m$。任一物质的磁导率与真空的磁导率之比，称为该物质的相对磁导率。

（二）电磁感应定律

1. 电流的磁效应

本质上，一切磁现象都起源于电荷的运动或电流。有电流就必然在其周围伴随有环绕电流的磁场，这就是电流的磁效应。

电流的方向与磁场的方向由右手螺旋定则确定。在通电直导体中，大拇指表示电流方向，四指表示磁场方向；在通电线圈中，四指表示电流方向，大拇指表示磁场方向。

2. 电流的力效应

电流产生磁场是电流的磁效应，而电流在磁场中所受的力，实际上是电流所产生的力效应。正因为有了电流所产生的力效应，才使得载流导体也会在磁场中受到力的作用。磁场所给予载流导体的力的方向，可通过以下方式来确定：将左手伸平，四指以及拇指全部呈垂直状，将磁力线自手掌中穿过，此时四个手指的方向就是电流移动的方向，拇指的方向则是载流导体受力的方向。左手定则可用于核定载流导体所受磁场作用力的方向。

实验证明，载流导体所受的磁场作用力 F 的大小与载流导体中通过的电流 I、载流导体的有效长度 l、载流导体所在位置的磁场强度 B 成正比，即

$$F=BIl$$

当载流直导体与磁场方向互相垂直时受力最大，互相平行时受力最小。

两平行载流导体之间的作用力：每一个载流导体都产生磁场，各自的磁场方向都用右手螺旋定则确定；而每一个载流导体又都处于另一载流导体的磁场

中，因而都受到力的作用，载流导体受力的方向用左手定则确定。因此，两电流同方向的平行载流导体之间产生互相吸引的作用力，而两电流方向相反的平行载流导体之间则产生互相排斥的作用力。

3. 电磁感应现象

（1）直导体的感应电动势

若磁力线同导体之间存在切割运动，那么导体就会有感应电动势产生，而这种感应电动势就是旋转电动势，也被称为切割电动势。导体切割磁场产生的感应电动势 E 的大小与导体所在之处的磁感应强度 B、导体切割磁力线的有效长度 l、导体的相对切割线速度 v 成正比，即

$$E=Blv$$

可以通过右手定则来确定感应电动势的方向：将右手伸平，四指以及拇指全部呈垂直状，将磁力线自手掌中穿过，此时四个手指的方向就是感应电动势的方向，拇指的方向则是导体相对磁场的运动方向。

（2）线圈的感应电动势

根据电磁感应定律，当穿过线圈的磁通量发生变化时，在线圈中产生感应电动势，感应电动势的大小与磁通的变化率（即单位时间磁通的变化量）成正比，与线圈匝数成正比。

感应电动势的方向由楞次定律确定。

楞次定律的一般表述：感应电动势以及感应电流，都有着自己明确的移动方向，所以感应电流才能对抗各种能够引发感应的电动势。之所以会引发感应电动势，就是因为从线圈穿过的磁通出现了变化，感应电动势能引起电流，即楞次电流，这些电流能够产生磁通，这些磁通能够反抗线圈中的磁通所产生的各种变化。

楞次电流的方向，可以根据以下两点来确定：一是线圈磁通运行的方向；二是磁通所具有的变化趋势。楞次电流以及感应电动势的方向可以通过右手螺旋定则来确定。由于感应电动势只有两个可能的方向，因此可用数学的“+”“-”号加以区别。

（3）自感现象及线圈的电感

只要穿过线圈的磁通有变化就会在线圈中产生感应电动势，而不管变化磁通的来源如何，这是电磁感应定律。

自感电动势，是由线圈自身电流发生变化引起磁通变化而导致其自身产生的感应电动势，此现象也称为自感现象。

一个线圈电感的大小可用在线圈中通入单位电流所能产生的磁通链的多少来衡量。电感表明一个通电线圈产生磁通的能力，它与线圈的匝数、几何尺寸

和形状等有关，当这些因素固定不变时，则线圈的电感就是一个常数。

由于任何一个导体或电线通过电流时都产生磁通，故它们都有一定的电感，理想电感线圈是电路的理想电感元件，实际电感线圈是有导线电阻的。电感的单位是亨利（H），常用的小单位有毫亨（mH）和微亨（μH）。

电流的变化会引起自感电动势，并且这种变化属于反抗电源的一种变化。自感电动势越大，说明电流的变化率就越大。若只需要获知自感电动势的具体方向，那么可通过楞次定律，并根据电流行进的方向以及变化的趋势来加以确定，因为电源的变化总会受到自感电动势的阻碍。

自感现象有有害的一面，也有可利用的一面。例如拉断开关时，在极短的时间内使电流急剧变为0，电流的变化率很大，故能产生很高的自感电压使在断开点处的空气击穿而产生电弧。时间久了开关刀片或触点被烧损，因此开关触点需要加灭弧罩；而日光灯却利用镇流器（铁芯电感）在启辉器触头断开瞬间产生高的自感电压使灯管击穿点亮。

（4）互感现象

当一个线圈电流引起的变化磁通除在本线圈产生自感电动势外，如果该磁通的一部分或全部穿过相邻的线圈时，在相邻线圈中同样引起感应电动势，这种现象即为互感现象，在相邻线圈中所感生的电动势称为互感电动势。变压器就是根据互感原理制成的。

第二节　船舶电力拖动基础

一、电力拖动的基础知识

所谓拖动就是应用各种原动机使生产机械产生运动，以完成一定的生产任务。如果拖动系统以电动机作为原动机按人们所给定的规律来带动生产机械，就称为电力拖动。电力拖动系统一般由控制设备、电动机、传动机构、工作机构和电源五部分组成。

一个电力拖动系统的各种运行状态通常可以归纳为两种：稳态和非稳态。加载在电动机轴上的负载转矩与电动机的电磁转矩，二者之间的相互作用决定了电力拖动系统所处的运行状态。为了掌握电力拖动系统的运行状态，就必须了解电磁转矩和负载转矩之间的特点和变化规律，而反映转速和转矩之间变化规律的机械特性是研究和分析电力拖动系统的主要方法。[①]

① 孙旭清，何吉庆．船舶电机与电气控制系统［M］．大连：大连海事大学出版社，2005.

下面介绍电力系统的运动方程。

最简单的电力拖动系统是电动机的轴与生产机械的工作机构直接相连，如通风机等，这类电力拖动系统被称为单轴电力拖动系统，船舶上广泛使用这种电力拖动系统。若设定某一方向为电动机转速 n 的正值方向，并取与正转速方向一致的电动机的电磁转矩 T 为正值电磁转矩，与正转速方向相反的负载转矩 T_L 为正值负载转矩，则单轴电力拖动系统的运动规律可用如下的运动方程来描述，即设定某方向为电动机的正值转速方向，T 与 T_L 具有方向性，T 与转速方向一致为正，T_L 与转速方向相反为正。

$$T - T_L = J\frac{\mathrm{d}\Omega}{\mathrm{d}t} \tag{1-48}$$

式中，Ω 为机械角速度，J 为系统转动惯量。

由运动方程可以看出，系统旋转运动有三个状态：

①当 $T = T_L$ 时，系统处于静止或恒转速运行状态，即处于稳态；

②当 $T > T_L$ 时，系统处于加速运行状态，即处于动态；

③当 $T < T_L$，系统处于减速运行状态，即处于动态。

该运动方程为单轴电力拖动系统的运动方程，但是许多实际的电力拖动系统中电动机是经传动机构与工作机械相连的，每根轴的转速、转矩和飞轮矩都不相同。为了简化多轴系统的分析计算，可将这样一个多轴系统折算为一个等效的单轴系统，通过把负载转矩与系统飞轮矩折算到电动机轴上来变多轴系统为单轴系统，这样就可以列写一个转动方程式进行计算，其结果与联立求解多个方程式的结果完全一样。

系统折算的原则是保持系统的功率传递关系及系统的储存动能不变。分析计算多轴系统时，首先就要从已知的实际负载转矩求出等效的负载转矩，称为负载转矩的折算，转矩的折算根据功率平衡进行。当忽略传动机构的损耗时，电动机轴上的功率应等于最后一级工作机构的功率。从已知的各转轴上的飞轮矩求出系统的总飞轮矩，称为系统飞轮矩的折算，飞轮矩的折算根据系统储存的总动能不变的原则，电动机轴上总的等效动能应等于多轴系统的各动能之和，从而可折算得到电动机轴上的单轴等效飞轮矩。

二、负载的机械特性分析

生产机械工作机构的负载转矩与转速的关系称为负载的机械特性。生产机械品种繁多，它们的机械特性各不相同，但大致可以归纳为两类：恒转矩负载机械特性和变转矩负载机械特性。

（一）恒转矩负载机械特性分析

1. 反抗性恒转矩负载机械特性分析

负载转矩的大小始终保持为一个常数，只是在方向上，始终与运动方向相反，这就是反抗性恒转矩负载的特点。当运动方向改变时，负载转矩的方向也随之改变。

摩擦力的方向总与运动方向相反，摩擦力的大小只与正压力和摩擦系数有关，而与运动的速度无关，所以像机床刀架的平移运动、轧钢机轧辊、行车的行车机构等由摩擦力产生的负载转矩均为反抗性恒转矩，这类机械的机械特性为反抗性恒转矩负载机械特性。

2. 位能性恒转矩负载机械特性分析

位能性恒转矩负载的转矩大小恒定不变，而且方向固定，不随转速方向的改变而改变，这种机械特性就称为位能性恒转矩负载机械特性。

起重机类机械提升和下放重物时产生的负载转矩是典型的位能性恒转矩，这类负载的机械特性为典型的位能性恒转矩负载机械特性。

（二）变转矩负载机械特性分析

1. 通风机型负载机械特性分析

负载转矩的大小基本上与转速的平方成正比，属于反抗性负载，即转速反向时，负载转矩也随着反向。

船舶上应用很多的风机、水泵、油泵、螺旋桨等均属通风机型负载，它们的机械特性都属于这种。

2. 恒功率型负载机械特性分析

负载转矩的大小基本上与转速成反比，负载的功率为常数，所以这种负载称为恒功率负载，其机械特性称为恒功率负载机械特性，这类负载也属于反抗性负载。

金属切削机床是典型的恒功率型负载，因为它们在加工时切削量大，切削力和负载转矩大，但通常切削速度较低，在槽加工时切削量小，切削力和负载转矩小，但切削速度较快，切削功率则基本不变。所以金属切削机床的机械特性属于恒功率型负载机械特性。

以上四类负载机械特性都极具代表性，从实际负载中概括而来，在实际应用中，负载机械特性并不是单一的某一典型特性，而是具有几种典型特性的组合，其中以某一典型特性为主。以实际的泵为例，其主要负载机械特性是泵类，但是因为存在其他部件，如轴承，会产生摩擦转矩，属反抗性的恒转矩，所以，实际泵类负载机械特性包含了反抗性恒转矩负载机械特性与通风机型负载机械特性。

三、电动机工作状态类型

电动机的工作状态按其转矩与转速的方向的异同可分为电动和制动两大类。所谓电动工作状态，就是利用外界电源，使电动机所产生的转矩与系统运动的方向相同，依靠传动装置带动相应装备工作。电动机在电动工作时，其电磁转矩与转速的方向一致，该转矩的性质为拖动性质，来自电网的电能，在电动机的转换作用下，输出时已变成机械能，电动状态及其稳定运行点在第一、第三象限。在第一象限内运行的电机，其电动状态与稳定运行点，分别称为正向电动状态与正向电动运行点。在第三象限内运行的电机，其电动状态与稳定运行点，分别称为反向电动状态与反向电动运行点。当电动机由匀速转动状态变为停止状态时，或者对位能负载的减速进行限制时，这一运转过程则被称为制动，当电动机处于制动状态时，其电磁转矩与转速二者的方向是相反的，转矩性质属于制动性质，机械特性与稳定运行点在第二、第四象限。

下面分析系统运行的稳定性。

电力拖动系统由电动机与负载两部分组成。由电力拖动系统运动方程可知，系统稳定运行即恒速不变的必要条件是动转矩为零。分析系统运行情况时，往往把电动机的机械特性与负载的转矩特性画在同一坐标平面上，其中一条曲线是他励直流电动机的机械特性，另一条曲线是恒转矩负载的转矩特性。系统稳定运行时，那么拖动系统的运行点即图中的两条特性曲线的交点满足动转矩为零这个条件，故该交点称为工作点。

从运动方程分析可知，电力拖动系统运行在工作点上就是一个平衡的运行状态。但是实际运行的电力拖动系统经常会出现一些干扰，比如电源电压或负载转矩的波动等，这样就存在一个问题：系统在工作点上稳定运行时，如果突然出现了干扰，等干扰消除后，该系统是否仍能回到原来工作点上继续稳定运行？如果能，我们就说系统处于稳定运行状态，该工作点称为稳定工作点；如果不能，我们就认为系统处于不稳定运行状态，该工作点称为不稳定工作点。

事实上，电力拖动系统在电动机的机械特性与负载的转矩特性的交点上并不一定都能够稳定运行，也就是说仅仅是系统稳定运行的一个必要条件，而不是充分条件。要想稳定运行，还需要电动机与负载的两条特性在交点处配合得好。

判断工作点是不是稳定工作点，主要看在扰动使系统转速发生变化后，电磁转矩是否力图阻止转速的偏离，如果扰动消失后，在电磁转矩的作用下能够恢复到原工作点，那么该工作点就是稳定工作点；如果两转矩的变化与上述的相反，则将促使转速进一步偏离，这种交点就是不稳定工作点。对恒转矩负载而言，异步电动机特性曲线临界转差率以下的部分，为不稳定工作区。

第三节　船舶电力拖动控制系统

一、船舶常用控制电器

（一）常用控制电器的种类

主令电器、熔断器、接触器、继电器、空气断路器等，是船舶常用的几类电器。[①]

1. 主令电器

主令电器主要包括按钮开关、组合开关、行程开关、主令控制器等。主令电器不能用来切换主电路，只能切换控制线路，因为其均为单极或多极电器，触头的容量不大。

（1）按钮开关

按钮开关通常用来接通或断开控制电路。动合触点、动断触点可根据实际情况，单独使用或者组合使用。

按钮开关分为很多种，按使用场合来划分，可分为保护式、开启式、防腐式、防水式等；根据实际的工作状态来划分，可分为钥匙式、紧急式、手把旋钮式、带灯式。另外，按钮开关还可以根据需要选择合适的按钮样式以及指示灯颜色。由于各控制回路的需要不相同，所以按钮的数量也是各种各样的，有单钮、双钮、多钮等。控制按钮上不同的颜色与形状代表着不同的功能，如红色表示“停止”，该按钮就必须是红色；红色蘑菇头式则表示“急停”，同理，该按钮必须为红色蘑菇头式；“启动”按钮必须设置有高于按钮头的防护挡圈，避免误操作。

（2）组合开关

组合开关可以对若干个电器回路通断的主令开关进行控制，多路多极，虽然体积很小，但是其操作性很强，方便又快捷，所以，组合开关又被称为转换开关。组合开关的种类很多，可应用于多种电器设备。例如，各种低电器设备上，控制设备的电源引入开关；还有一些小容量的三相异步电动机的动作，也可以通过组合开关来控制，如正转、反转、启动、停止等。

---

① 孙旭清 . 船舶电气设备［M］. 大连：大连海事大学出版社，2007.

一系列的装有动、静触点的触点座，组成了接触系统。动触点的触桥是双触点对接式，其与静触点的接触，是通过弹簧片来实现的，接通与断开则是通过凸轮来实现的，该凸轮被装在流放转轴之上。

根据额定电流，组合开关可分为四类：10A、20A、40A、60A。

组合开关在使用过程中，要注意在负载允许范围内运行，切不可超负载，为保护开关触点，延长其使用寿命，在接通、断开电源时都不带负载。这种组合开关，在船舶配电板中比较多见，主要用于测量电流电压，利用组合开关实现对控制位置和控制方式的选择。

（3）行程开关

行程开关即限位开关，其原理为部件通过机械运动的接触或者接近，来对触头动作进行控制，以达到控制机械运动部件的行程、速度、方向和程序的目的。按钮式和转臂式是行程开关最常见的两种方式。

按钮式行程开关与按钮开关相比，大部分是相同的，区别在于按钮式行程开关可以对触头的接通与断开进行自动控制，这一动作是通过机械运动的部件碰撞，或者接近行程开关的推杆来实现的。

行程开关的组成部分，有触点（微动开关）、外壳、操作机构等。行程开关上的撞块通过机械运动碰撞操作部件触动触点，进而使其接触或断开。行程开关在船舶上的行车、舵机、起货机和舷梯等部位都有使用，用来限制行程。

（4）主令控制器

在操作比较频繁并且需要多种控制方式的场合，主令控制器比较适用，像锚机、起货机、绞缆机上都有使用。主令控制器主要部件有触头装置和轴，轴上带有凸轮。手柄工作位置改变，带动凸轮位置的改变，而凸轮的形状则决定了触头开闭的先后顺序。当凸轮位置随着手柄位置改变时，各对应的触头也进行开闭动作。一般来说，串入主令控制器轴的凸轮片数量，最多为十二片，工作手柄的数量一般多于四个，但少于八个，正反均如此。因为凸轮的形状可根据需要随意设计，所以触头在各工作位置时的开闭情况，是各不相同的。所以触头在断开或者闭合时，并不是一一对应的。

2. 熔断器

熔断器在配电系统中主要用来保护电路，如短路保护以及部分的过载保护，在电网保护与电器设备保护中运用得非常普遍。

一般来讲，熔断器就是一根熔点较低的电线，在用电过程中发生短路或者过载时，经过熔断器的电流骤然增大，超过额定值，那么熔断器里的电线就会融化，电路被断开，从而保护电网以及用电设备，及时地控制局面。熔体一般都安装在壳体内，目的就是避免电路断开时，有强烈的电弧溅出，进而引发其他事故，同时还需要采取其他有效措施，以确保第一时间内将电弧熄灭。

熔断器的主要组件有熔片或者熔芯等熔体，以及绝缘底座。熔体的熔点要低，这样比较容易断开，导电性要好，而且抗氧化能力要强，通常为线状或者片状，它是熔断器的核心部分。铜、银、锌以及铅锡合金是比较多见的熔体原料。从结构上来分，熔断器主要有三种，开启式、封闭式和半封闭式。封闭式熔断器又分为管式和螺旋式等。

3. 接触器

在需要频繁的接通和切断的主电路中，就需要用到接触器，它是利用电磁吸力原理来工作的一种开关电器。

在自动控制电路中，接触器的应用非常普遍，因为它除了控制容量大，可在较远处进行操作外，还能够实现联锁控制，在失压或者欠压时，还可以提供保护等功能，接触器主要用来控制电动机，其他部分电力负载也是由接触器进行控制的。根据电流种类的不同，接触器可分为直流和交流两种。这两种接触器的各个组成部分，都是有区别的，如触头系统、灭弧装置以及电磁机构等。

（1）交、直流接触器

①交流接触器。除了触头系统、灭弧装置、电磁机构外，交流接触器还包括其他部件。

其中电磁系统对于接触器来说非常重要，由电磁阀和铁芯组成。接触器触点的断开和闭合动作，就是通过电磁系统来带动的。其中铁芯由静铁芯与动铁芯组成，静铁芯位于下方，静止不动，其上装有电磁系统线圈；动铁芯位于上方，可上下移动。静触点与动触点形成了整个触点，动铁芯直接连接动触点。当电流经过线圈时，电磁系统产生吸力，使动铁芯与动触点一起向下移动，导致同一触点组的动、静触点部分闭合。当停止通电时，电磁系统不再产生磁力，动铁芯便会在弹簧施加的弹力作用下回复原位，相应的触点组也恢复原状。

根据状态来划分接触器触点，有动合和动断两种。线圈断电时，接触器所处的状态为释放状态；线圈通电，电磁系统产生磁力，铁芯吸合，接触器所处的状态为吸合状态。接触器在释放状态时闭合、在吸合状态时断开的触点，为动断触点，反之则为动合触点。

在接触器中起执行作用的是触点系统，由主触点和辅助触点组成。主触点主要负责主回路的闭合与断开，所控制的电流大到几百安，小到几安。辅助触点所控制的电流则小很多，一般不超过10A，其被连接在控制回路中，主要用来满足其他各控制方式的需求。

接触器工作电流的确定原则是功率相等。工作电压不高时，接触器的工作电流要小于或等于该接触器的额定发热电流；工作电压也必须控制在固定绝缘电压之下；接触器的控制功率，在工作电压较高时可能会上下波动，至于是上升还是下降，主要看触点系统的性能如何。

因此，交流接触器的选用，要根据实际情况选择。选用的交流接触器应能适合线圈的额定电压、触点额定电流以及触点数。

②直流接触器。直流触电器的部件有电磁系统、灭弧装置、底板、辅助触点等。线圈电源接通，产生吸力接触器触点闭合；断开电源，吸力消失，触点恢复原状。

（2）交流接触器与直流接触器的区别

虽然都具备电磁系统，但是交流接触器与直流接触器的电磁系统，几乎完全不同，首先在线圈铁芯与衔铁用材方面，交流接触器采用的是硅钢片层叠在一起，目的是降低硅钢损耗，而直流接触器一般采用的是整块钢；在线圈匝数方面，由于交流电的交流阻抗比较大，其线圈匝数也比较少，而直流接触器的匝数就多一些，线也细一些。因为交流电接触器在工作时会产生比较大的振动与噪声，为了尽量减少或者消除这种干扰，其电磁铁芯必配短路环。

直流电源通过直流接触器，若电压不变，电流也不变，那么磁势也稳定不变，简言之，就是直流接触器的电磁铁磁势是固定不变的。当电磁铁的气隙减少时，磁通则会增加，电磁吸力也随之大幅度加强。所以当继电器与直流接触器闭合之后，为了减少工作电流以降低对电器元件的损耗，一般都会串联经济电阻，前提是不影响正常的吸合。

在交流电源中介入交流接触器，交流电源电压与其他参数均保持不变时，交流接触器的电磁铁的磁通量是恒定不变的，磁通量不变，电磁吸力也不变，电流则随着电磁铁气隙的变化而变化。但是交流接触器在运行过程中，如果衔铁被卡住导致无法吸上，这时的气隙就比正常状态下的气隙大，气隙变大，电流也变大，通过线圈的电流过大，线圈容易被烧毁。但是直流电磁铁则不会出现这样的情况。

在使用过程中，一定要注意交流接触器只能接交流电，直流接触器只能接直流电，切不可接错。

4. 继电器

继电器的吸引线圈匝数较少，串联在主电路中，它对电路的控制主要是通过改变电压、电流或转速、压力、时间、温度等参数来实现的。欠电压继电器等吸引线圈，实际上就是一个跨接在电源上的电压线圈，当继电器的释放电压大于电源电压时，衔铁所受到的作用力是反向的，此时衔铁释放，触头回到原位，控制电路被断开，欠电压保护作用生效。

（1）时间继电器

时间继电器的特点是，不论是接收到电信号还是失去电信号，其触头的动作都会延迟启动。时间继电器的类型很多，如空气阻尼式、电磁式、钟摆式、半导体式等。

（2）热继电器

电动机在运行过程中，必须具有适当的短期过载能力，可是过载运行的时间过长又不行。所以，时间以及温度都在允许范围之内时，电动机应可以继续工作，但是如果电流过大，已超过额定电流，导致电动机绕组的温度上升超过允许值时，电动机电源应同时被断开。这样既避免了电动机受到损伤，也充分发挥了其短时过载能力。

熔断器只能在发生短路时提供保护，而无法在过载时保护电路，因为熔断器融体的熔断电流比其额定电流大很多，即使是三相异步电动机，其控制电路所选熔体的额定电流，比电动机自身的额定电流也大很多。因为熔断器的特点是过流保护，其过载保护能力对于电动机来说，是无法满足的，因此三相异步电动机一般不会采用熔断器作为过载保护的元件使用，它一般都会采用热继电器来实现过载保护功能。

（3）速度继电器

顾名思义，速度继电器是用来传递转速信号的。主令轴主要用来体现转速，其上连有转轴，转轴上所安装的磁铁是永久性的，圆环上装有笼式绕组，与转轴同心，可单独转动，永久磁铁会随着主令轴的转动而转动，笼式绕组便会产生感应电流，带动圆环和永久磁铁做同向运动，这时安装在圆环上的胶木锤也会发生一定角度的位移，使触头动作。不过当圆环的转速在一分钟内低于 100 转时，弹簧施加的反作用力便会使触头复位。

（4）电磁制动器

电磁制动器，主要用来实现电动机的机械制动，抱闸式与圆盘式是比较多见的两种方式。

圆盘式电磁制动器工作原理为，电动机通电工作，电磁刹车线圈所产生的吸力，使得动、静摩擦片分离，电动机阻力解除便可运转。断开刹车线圈，电源便可停车，因为线圈失电，同时吸力也消失，静摩擦片被松开，与动摩擦片贴合在一起，产生足够使电动机停止的摩擦力矩。

弹簧反作用力的大小是通过制动器外壳上的螺栓来调节的，在调整过程中，要确保所有的螺栓都要均匀调节，不然会产生摩擦片不正、气隙不均的现象，同时还会产生非正常的噪声与振动。

抱闸式电磁制动器，简称电磁抱闸，制动原理与圆盘式电磁制动器区别不大。主要部件有制动电磁铁和闸瓦。当接通电源后，制动电磁铁便会产生吸力，将闸瓦吸住，电动机开始运转；断电吸力消失，弹簧作用于闸瓦，闸瓦被刹住，电动机立即停止转动。

5. 空气断路器

空气开关，又称空气断路器，它是一种开关电器，其功能比较全面，既可以连接、断开电路，又可以自动保护负荷电路。当电路发生一些低等故障，如电压过低、过载、短路等状况时，空气断路器可以自动断开电路。对于一些不用经常启动的电动机，转换电路和操作电路均可采用空气断路器。

在空气断路器的选择方面，要遵循以下原则，首先要以使用条件作为参考来确定类别，其次要确保所选电路器符合额定电流以及电路保护的要求。额定电流小于 600A，短路电流不算大时，断路器的外壳可以选用塑料材质；短路电流过大时，就需要使用限流式断路器。额定电流较大的电路需要使用框架式断路器。有半导体的电路应该采用直流快速断路器。漏电保护断路器适合于需要提供漏电保护的电路。

（二）控制电器的参数整定

1. 非电量继电器调整

在船舶上常用的非电量继电器有压力继电器和温度继电器。非电量继电器既可作为控制电器，又可作为保护电器。例如，压力继电器用于辅锅炉的蒸汽压力自动控制时，就是一个控制电器；压力继电器用于监视主机滑油压力时，就是保护电器。温度、压力继电器在船舶中用量较大，管理人员应合理使用、维护、调整，才能使它可靠工作。

（1）使用与维护要求

压力继电器的取样导管应符合说明书要求，应密封，防止泄漏。

温度继电器的感温元件应与被控对象的热源体有良好的接触。特别是主辅柴油机冷却水温度监控用的温度继电器的探棒应与测量孔壁有良好接触，否则会引起动作误差。

由于压力、温度继电器安装的环境条件恶劣（高温、多油泥、振动较大），应经常检查引线是否牢固，接线是否接牢，导线是否老化、破损等。

对于起保护作用的温度、压力继电器，不能轻易调整动作值；非要调节时，在调节后应做动作值试验，以确保被保护对象的安全。

对于起控制作用的温度、压力继电器，应合理调节返回系数。若返回系数太大，易使被控制设备启、停过于频繁，缩短设备寿命；若返回系数太小，不能保证被控对象输出在一定范围内变化。

用作保护电器的继电器，应每年进行一次校验试验，确保它动作可靠。温度、压力继电器的损坏一般在船上无条件修复，大都采用更换整个继电器。

（2）调整法

①压力继电器的调整方法。调整压力继电器时一般可以使用手动液压泵对压力继电器或传感器进行测试，对其控制参数进行调整，使其在设定值动作。

正确的方法：先调下限压力，降压，调节复位压力螺丝，整定触头复位的压力值（下限压力）；再升压，调节压差螺丝，整定触头动作压力值（上限压力）。

②温度继电器的调整方法。温度继电器调整的正确方法：先调下限温度，降温，调节复位温度螺丝，整定触头复位的温度值（下限温度）；再升温，调节温差螺丝，整定触头动作温度值（上限温度）。

温度传感器通常是利用热膨胀、热电变换、电阻变化等方法进行测量的。速度继电器是传递转速信号的继电器，可通过调节反力弹簧进行整定。

2. 时间继电器的整定

触点发生动作时，信号输入之前已经到达时间继电器，对于有时间先后要求的电路，就必须依靠时间继电器来实现。晶体管式时间继电器是一种比较典型的继电器，在目前的延时交流电路中非常常见。

时间继电器通过延迟输送信号来实现在时间上对电路的控制，有触点、延时机构、电磁线圈等部件。所以，在选择时间继电器时，要充分考虑延时时间范围、触点数、电磁线圈、额定电流等各电器的参数。

晶体管式继电器是一种电子式的时间继电器，它将有触点与无触点结合在一起，这种结合是前所未有的。在精准度、调节便捷性、延时范围、功耗、使用寿命等方面，都比电磁式时间继电器与电动式时间继电器更加优越。延时分为多种，有通电延时、断电延时以及重复延时等类型。

更换或代用时间继电器时，应选用与实际延时时间范围相接近的时间继电器，以保证延时精度和可靠性。

常见故障与处理如下。

①可调电位器的作用是调控延时时间，当它使用一段时间之后，其内部炭膜受到磨损，或者有灰尘进入，这些情况都会导致延时时间出现误差。这

时应该在旋柄处注入适量专用清洗剂，转动旋柄，对于无法继续使用的继电器要及时更换。

②晶体管一旦出现老化或者破损的情况，需要立即进行检修，对于检修不合格的晶体管，必须立即更换，否则延时会出现错误或者根本不延时。

③晶体管继电器的元件，因为振动会出现松动甚至脱落的情况。在使用前，务必进行检查，脱焊部位及时补焊。

④从外观上对元件进行检查，不得随意拆卸，更不可随意进行对接、调换，这样容易破坏元件，使故障增多。如果需要更换，要选用型号、电压、延时范围与原晶体管继电器一样的继电器。

3. 热继电器的整定

热继电器用于额定电压380V、电流为150A以下的一般异步电动机的过载保护，是带有断相保护装置的热继电器，能在三相异步电动机一相断线时起保护作用。

（1）热继电器选用要求

通常情况下，可以电动机的额定电流为依据。

热元件额定电流的确定原则是，一般比电动机的额定电流大10%～25%。

热继电器整定值则会比电动机额定电流大5%左右。

对于允许长期过载工作的电动机，当电动机长期过载超过20%时，热继电器应可靠动作，且热继电器的动作时间应大于电动机长期允许过载及启动的时间，整定值一般取电动机额定电流的1.2倍。

在温度方面，热继电器的工作温度应控制在与环境温度相差25℃之内。

如果电动机启动需要较长时间，则需要将热继电器与电流互感器结合起来使用，以避免误操作的发生。需要带断相保护时，应选用带差动导板的三相热继电器；当电动机启动频繁时，热继电器可能误动作，所以在控制重复短时工作制的异步电动机时，不宜用热继电器作过载保护。

（2）热继电器维护要求

①安装前检查：

检查铭牌数据，热继电器的整定电流是否符合要求；

检查热继电器的可动部分，要求动作灵活可靠；

清除部件表面污垢。

②运行中检查：

检查负荷电流是否与热元件的额定电流相配合；

检查热继电器与外部导线的连接点处有无过热现象；

检查与热继电器连接导线的截面积是否满足电流要求；

检查热继电器的运行环境温度有无变化，是否超过允许范围；

如热继电器动作，应检查动作情况是否正确；

检查热继电器周围环境温度与电动机周围环境温度，如后者环境温度高出 15 ～ 25℃时，应选用大一号等级的热元件，如低于 15 ～ 25℃时，应调换小一号等级的热元件。

（3）热继电器电流整定值的调整

热继电器电流的整定值应与被保护电机的额定电流一致。若不一致，应转动刻度盘进行调整。热继电器常见的需要对电流整定值进行重新调整的情况有以下几方面。

①用电设备操作正常，但热继电器动作频繁。可能的原因是热继电器的整定电流值小于被保护设备的额定电流。处理方法是实测用电设备的工作电流，若用电设备的动作电流在额定范围内，应对热继电器电流的整定值进行重新调整，即转动刻度盘的刻度值使之与设备的额定电流相符。

②电气设备烧毁，而热继电器未动作。可能的原因是热继电器的整定电流值大于被保护的设备的额定电流。处理方法是修复并重新启用该设备后，实测用电设备的工作电流，并依据设备的额定电流对热继电器电流的整定值进行重新调整，即转动刻度盘的刻度值使之与设备的额定电流相符。

③热继电器的可调整部件固定支钉松动，不在原整定点上。此时要将支钉铆紧，并重新进行调整试验。

④经过大的短路电流，双金属片已产生了永久变形。此时要对热继电器进行重新调整或更换。

⑤继电器久未校验，灰尘堆积或生锈，动作机构不灵。正常情况下应每年进行一次校验，发生此种情况应清除灰尘或锈迹，并重新进行调整。

⑥热继电器的外接线未接上或松动。

4. 制动器的间隙调整

调整电磁制动器外壳上的螺栓，使弹簧产生的反作用力发生变化，在调节的过程中，注意所有的螺栓要同步，不然会造成摩擦片不正、气隙不均的现象，还会产生非正常的振动与噪声。

调整电磁制动器间隙的方法如下。

①首先应该将间隙的实际尺寸测量准确，再进行适宜的调整。

②圆盘制动器的圆盘与电磁铁芯的间隙调节，用螺丝调整，位于制动器端盖之上。

③如果将调节螺丝往里面旋，间隙减少，摩擦力减少；反之，间隙增加，摩擦力增加。

④摩擦片与制动圆盘、后端盖间的间隙的调整是通过改变后端盖与电机外壳间的垫片厚度来实现的。

⑤当刹车打不开时可通过增加垫片厚度即增加摩擦片两侧的间隙来实现的。

⑥适当的间隙一般在 0.6 ～ 2mm 范围内，但应以起货机起吊额定负载时既能刹住车而制动器又不冒黑烟为宜。

二、电气控制系统概述

（一）电气控制系统图

现代生产机械的运动部件主要是以各类电动机或其他执行电器来驱动的。为了保证生产过程和加工工艺合乎预定要求，要对电动机进行自动控制，因而设计了各种电气控制线路。在长期的实践中，人们已经将这些控制线路总结成最基本的单元供选用。继电—接触器控制系统是由许多低压控制电器按一定的要求和方式连接起来，实现自动控制的电气系统。

为了便于表达自动控制系统的结构、原理、安装、使用和维修，需要将各电气元件及其连接用一定的图形表示出来，这种图称为电气控制系统图。电气控制系统图主要包括电气控制线路图（又称电气原理图）、电气布置图及电气安装接线图。

1. 制图规范

电气控制系统图要按照国家颁布的标准《电气简图用图形符号》（GB/T 4728—2005）、《电气技术用文件的编制》（GB/T 6988—2008）、《电气技术中的文字符号制订通则》（GB/T 7159—1987）（已作废）进行绘制。

电气控制线路图是其中最重要、最基本的一种。它用来说明控制线路的工作原理及各电气元件相互连接的关系，根据简单、清晰的原则，采用电气元件展开的形式绘制而成。它包括所有电气元件的通电部件和接线端点，但不按照电气元件的实际布置位置来绘制，也不反映电气元件的大小。

此外，为了便于检索电气线路，方便阅读分析，还将电气控制系统图分为若干个图区，图区编号一般写在图的下面；某个元件或某电路的功能，一般在图的顶部标明。要进一步弄清接触器、继电器触点的位置，还使用符号位置的索引。对于接触器，左栏为主触点所在的图区号，中栏为辅助动合触点所在的图区号，右栏为辅助动断触点所在的图区号；对于继电器，左栏为动合触点所在的图区号，右栏为动断触点所在的图区号。

2. 绘制原则

①电气控制系统图主要分主电路和控制电路两部分。电动机通路为主电路，一般画在左边；继电器、接触器线圈通路为控制电路，一般画在右边。此外电气控制系统图还有信号、照明等辅助电路。

②在电气控制系统图中，同一电器的不同元件，根据其作用画在不同地方，但用相同的文字符号标明。

③同种电器使用相同的文字符号，并在其后标上数码或字母以示区别。

④全部触点按常态给出。常态对于接触器、继电器的触点是吸引线圈未通电时的状态，对于按钮、行程开关等是未受外力时的状态。

⑤无论是主电路还是控制电路，各电气元件一般应按动作顺序从上到下、自左至右依次排列。

3. 阅读方法

通过对电气控制系统图的阅读分析有利于掌握电气控制系统的工作原理、技术指标、使用方法及维护修理。在阅读电气控制系统图前，必须了解与电气控制相关的机械、液压、气压机构的工作情况，以便弄清全部控制过程。

电气控制系统图的一般阅读方法有三种：查线读图法、控制过程图示法和逻辑代数法。

（二）电气控制系统的保护

在设计电力拖动系统时，不仅应保证设备在正常工作条件下安全运行，而且还应考虑到在异常情况下保证设备和人身的安全。为此，必须在系统中设置必要的保护环节。最常见的电气保护环节有短路保护、过载保护、失压（欠压）保护及缺相保护。

1. 短路保护

电流不经负载而直接形成回路称为短路。在船舶电网中，由于导线电阻很小，短路时将会在回路中产生很大的短路电流和线路电压降。如果不加以保护，将造成电网中的电气设备不能正常工作，严重的短路故障会使发电机过载而烧毁，甚至引起火灾。短路保护的目的是保证在短路电流出现时能及时地把发生短路故障的部分电路与电源隔开（脱离），从而保证电网中其余部分正常工作。

2. 过载保护

对于大多数电气设备来说，长时间地或严重地超过额定电流即过载是不允许的。故在电路中常装设过载保护，以防被保护电器因过载而被损坏。

过载保护的原理：当被保护电器出现长时间过载或超强度过载时，利用过载时出现的热效应、电磁效应等使过载保护电器动作，使被保护设备脱离电源。

可用于过载保护的电器有多种，一般用过载继电器来实现过载保护。热继电器和过电流继电器是两种最常用的过载继电器。自动空气开关也具有过载保护功能。

热继电器是利用过载时的热效应来使保护电器动作以实现保护的。过电流继电器则是利用电磁效应使保护电器动作来实现过载保护的。

3. 失压保护

失压（欠压）保护是依据接触器本身的电磁机构和启动按钮来实现的。当电源电压由于某种原因消失时，三相异步电动机会自动停车。当电源电压恢复时，三相异步电动机不会自动启动，只有在操作人员按下启动按钮后，三相异步电动机才可启动，这种保护称为失压保护。当电源电压过分降低（欠压）时，三相异步电动机为了维护电磁转矩满足负载转矩的需要，其电流必将增加，使三相异步电动机可能过载甚至烧毁。而此时由于电源电压过分降低，接触器反力弹簧的作用力大于电磁吸力，衔铁被释放，主触头断开，使三相异步电动机脱离电源，实现欠压保护。

在主令控制器控制的电路中，欠压和失压保护是采用电压继电器来实现的。

4. 缺相保护

三相交流异步电动机运行时，任一相断线（或失电）会造成单相运行，此时三相异步电动机为了得到同样的电磁转矩，定子电流将大大超过其额定电流，导致电机发热烧坏，缺相运行的电动机，还伴随着剧烈的机械振动。一般热继电器的发热元件串接在三相主电路的任意两相之中，在任一相发生断路（缺相）故障时，必然导致另两相电流的大幅度增加，在这种情况下，热继电器又起着缺相保护的作用，它将断开接触器电源，使电动机停转。

（三）电气控制系统的控制

1. 连续运行的控制

用开关实现连续运行的控制系统：用开关（单刀开关、组合开关或空气开关）将三相交流电压加在电动机的定子绕组上，使电动机启动运转；一般只适用于小容量电动机，且不能实现自动控制及欠压保护。

用接触器、按钮组成连续运行的控制系统：由刀开关、熔断器、接触器的主触点、热继电器的热元件与电动机构成主电路，由停止按钮、启动按钮、接触器的线圈及热继电器的动断触点构成控制回路，并在启动按钮上并联接触器的辅助动合触点。

2. 多个地点的控制

在大型设备中，为了操作方便，常常要求能在多个地点进行控制。欲使多个电器都能控制接触器通电，则该多个电器的启动闭合触点应并联接到接触器的线圈电路中；欲使多个电器都能控制接触器断电，则该多个电器的动断触点应串联接到接触器的线圈电路中。

3. 顺序启停的控制

在设备生产时要注意的是，若一个系统中包含多个电动机，这些电动机的启动和停止应该遵循一定的顺序。总而言之，某一系统中的多个电动机的启动和停止的顺序，一般分为三种：第一种是启动时按正序，停止时同时；第二种是启动时按正序，停止时和启动顺序一致；第三种是启动时正序，停止时和启动时的顺序相逆。

电动机能够按照指定的顺序进行启动的原理在于：将先启动电动机的控制接触器的动合辅助触点，与第二启动的电动机的接触器线圈支路进行串联。电动机想要进行启动时正序、停止时逆序的安装原理，是将第二启动的电动机接触器动合辅助触点，并联在第一启动的电动机的停止开关上。

4. 间歇运行的控制

某些生产机械的电动机要求运行一段时间，停止一段时间，即间歇运行，如车床的润滑电动机。利用两个时间继电器可实现间歇运行的控制功能，间歇运行的控制可用于故障报警时的灯光闪烁电路。

三、锚机、绞缆机电力拖动控制系统

（一）拖动控制的运行特点

船舶中必不可少的两项设备，是锚机和绞缆机，这两项设备可以保证船舶在停泊时或者系泊在码头时的安全。船舶的不同类型和不同布置，决定了船舶上的锚机和绞缆机的形式也各有不同，主要有以下几种类型。

根据所用动力不同，锚机、绞缆机可分为电动和液压两种类型，目前以电动锚机、绞缆机应用最广。电动锚机、绞缆机又分为直流与交流两种。在交流船舶上，锚机、绞缆机一般采用变极调速异步电动机、G-M 系统、电动液压系统等形式。

按照链轮轴线又可分为卧式锚机、绞缆机和立式锚机、绞缆机。一般船用锚机均采用锚链作为锚的系索，但锚链非常笨重，所以不可能将它缠绕在滚筒上，而是通过链轮的传动收放在专门的锚链舱中。下面对锚机的运行特点进行分析。

1. 起锚的特点分析

（1）正常起锚

正常起锚过程分为五步。

第一步，收起躺在海底的锚链。电动机轴上负载转矩不变，并且较小。

第二步，收紧锚链。轴上负载转矩逐渐增大。

第三步，拔锚出土。负载转矩达到最大，“出土”突然减小。

第四步，收起悬于水中的锚及锚链。负载转矩逐渐减小。

第五步，将锚拉入锚链孔中。负载转矩再次增大，但增大不多。

（2）应急起锚

若抛锚处水深大于锚链全长，则锚将达不到海底，这时应使用锚机电动机将悬于水中的锚及锚链（约 200m，标准锚链链长为 27.5m/kN，锚链长度一般要求为水深的 4 ～ 7 倍）收起，这时电动机的工作状态不同于正常情况。

2. 抛锚的特点分析

抛锚时，若抛锚处海水不深，则可松开锚机的制链器，依靠锚及锚链的自身重量来实现，但在水深超过 50m 时，应采用电动抛锚，使锚等速下落。

由于锚机、绞缆机的这种运行特点，现在有些船舶安装带有张力检测的自动绞缆机，它能自动保持缆绳张力恒定，避免发生事故，保护船舶安全，防止码头被撞坏。

（二）拖动控制的线路要求

1. 电力拖动的要求

①应能满足在给定的航区内航行的要求。

②能在最大负载力矩下启动运行，比如在应急起锚时，电动机能启动运行。电动机的工作时间应不小于 30min，能满足 30min 内启动 25 次。

③电动机要有软或下坠的机械特性。其堵转力矩应为额定力矩的 2 倍。

④电动机应能在堵转状态下工作 1min 左右。

⑤电动机应有一定的调速范围。按规定，锚破土后起锚速度：单锚不小于 12m/min；双锚不小于 8m/min；拉锚入孔的速度为 3 ～ 4m/min。

⑥要求起锚设备重量轻、成本低、调速平滑、控制简单、操作方便。

2. 控制线路的要求

①用主令控制器来接通继电器、接触器对电动机进行正转、反转和调速控制。

②当主令控制器手柄从零位突然扳到高速挡时，控制线路应具有自动逐

级启动环节。

③控制线路应适应电动机能堵转 1min 的要求。

④在深水抛锚时，控制线路应有再生制动和能耗制动的环节，实现等速抛锚。

⑤控制线路应有短路保护、失压保护、过载保护等保护环节。

⑥控制线路应有电气及机械相配合的制动环节，以便能快速停车。

以锚机控制线路为例进行分析，锚机电动机控制线路的形式根据电机容量的大小有所不同。鼓形控制器和凸轮控制器切换锚机的主回路，可以手动来控制，以此来调节电动机的速度和转向，一般比较适合功率在 5kW 以下的设备；主令控制器用主令的方法控制励磁发电机或者励磁系统，以此来调节电动机的速度和转向，这类控制器比较适合用在功率为 5 ～ 50kW（不包括 50kW）的 G-M 系统。目前我国交流锚机广泛应用多速变极异步电动机拖动。

四、起货机电力拖动控制系统

（一）起货机类型特点的分析

船舶在停泊装卸货物时，用起货机按照人的要求起升、移动和下降重物。

按机械结构的形式，起货机分为吊杆式（又分为单吊杆式和双吊杆式）和悬臂回转式起货机两大类；按拖动方式分，主要有蒸汽起货机、电动液压起货机和电动起货机等几种类型。

蒸汽起货机的优点：可靠性较大；有较大的启动转矩和良好的制动能力；在低速时，能吊起重物；在空钩时，又能随负载的减少而提高转速；调速平滑而且有较大的过载能力；等等。蒸汽起货机的缺点：热效率低、经济性较差；需要很长的蒸汽管道；噪声和振动较大；使用前要暖缸；等等。目前一般船舶上已不采用蒸汽起货机，但在油船上因甲板上要避免电气设备可能产生的电火花，仍有采用蒸汽机拖动的。

电动液压起货机的优点：无级调速，调速平滑，运行平稳，噪声小；有良好的制动能力；易于吸收冲击负载，并能自动防止过载；由于调速和反向是在液压机构中进行的，电动机不要求调速和逆转，因此可采用普通笼式异步电动机拖动，简化了电气控制线路；另外，液压传动的传动效率高；传动装置重量轻，惯性小。电动液压起货机的缺点：制造精度要求高；油管道系统复杂；漏油时不易修复；油液中如渗入空气会产生噪声。

电动起货机的优点：便于实现自动化和远距离控制；振动和噪声小；可采用多电动机拖动或选用各种类型的电动机来满足起货机对电力拖动提出的

要求，因此可设计成紧凑的拖动系统。电动液压起货机的缺点：电气线路较复杂，在管理和维护方面要求较高。

电动起货机分为直流电动起货机和交流电动起货机。

交流电动起货机的电动机类型有：变极调速笼式异步电动机系统，发电机—电动机系统，可控整流器—电动机系统。其中选用变极调速笼式异步电动机系统的变极调速电动起货机又分为恒功率起货机和恒转矩起货机。

恒功率起货机，空钩或轻载运行于高速挡时，可充分利用电动机的功率，但重载不允许高速运行，因此要有可靠的保护，使重载时只能在中速运行。恒功率起货机启动时间长，启动电流过大，可靠性差。

恒转矩起货机，重载时也可以高速运行，因而省去保护环节，在双杆吊货时不会出现转速不同的情况。但在空钩或轻载时，电动机的功率不能被充分利用。恒转矩起货机，启动时间短，启动电流小，可靠性高。

（二）起货机电力拖动的要求

①首要条件是电动机的启动力矩和过载能力够大够好。

②为了满足自动调节在荷载较轻时较快、在荷载较重时较慢的要求，需要电动机的机械特性较软。

③为了满足空钩时速度较快、着陆时速度比较缓慢的要求，需要电动机的调速范围比较广泛。

④电动机的转子较细且长，这样能减少惯性，节省能量，有利于提高生产效率和节省启动、制动时间。

⑤电动机需要有较好的防水性，这样才能适应长期的甲板工作。

⑥电动机的性能要适合反复的启动和制动要求，因此选择时，会重点考虑重复短时的电动机。

（三）起货机控制电路的要求

①控制电路中应设有逐级自动启动线路。

②控制线路中应具有三级自动制动功能。制动装置一般会选择机械制动和电气制动相结合的方式来实施，这样能非常有效且牢靠地避免货物不受控制地下落。

③控制线路应设有逆转矩控制环节，即主令控制器从上升的高速挡到下降的高速挡过程中，控制线路可以自动实现快速上升，一直到零位以后停车，接着又能自动启动，从零位过渡到高速下降。

④采用恒功率调速的起货机应有保证当货物超重时不能高速运行的措施。

⑤应能保证不发生中速和高速堵转现象。

⑥采用通风机冷却的起货机应该做到：

启动起货机的前提，是要先启动风机；若风机出现故障停止工作时，要求起货机可以进行低速运行，这样是为了避免货物吊在空中无法着陆。

⑦过载保护、短路保护、失压保护和单相保护，是控制线路必不可少的几项重要的保护设施，同时还需要有防超速下落和重载高速提升的相关保护措施。

第二章　船舶电力系统与船舶电网

集中控制和自动化的程度高低，是决定船舶电力系统发展程度的重要标志。随着技术不断深入发展，船舶的电气化程度也越来越高，船舶吨位也越来越大，而且船舶的电力系统也获得了非常大的发展。船舶的电站容量也呈现稳步提升的趋势，而且在供电指标和设备性能上的发展都非常迅速。各种新技术、新设备的运用，使得船舶的电力系统获得了前所未有的发展，并且呈现自动化和集中控制的趋势。本章重点论述船舶电力系统、船舶中高压电力系统、船舶供配电网络以及船舶电缆的选择、船舶电网设计。

第一节　船舶电力系统概述

电力网、用电设备、电源和配电装置，一起组成了船舶的电力系统。该系统主要有额定频率、额定电压、线制和电流种类四个基本的参数。目前我国广泛采用交流 50Hz、380V 三线绝缘系统。

对船舶电力系统进行设计，要按照设计任务书的要求，并要符合船舶总体设计的需求，且不能违背基本的标准和规范，在此基础上来实现电力系统的功能和选择适合的电力系统计划以及电力设备的外形。船舶电力系统设计是船舶单体设计的一部分，一般分方案设计、技术设计和施工设计三个阶段进行。在设计过程中不仅要熟悉设计内容、设计要求和设计步骤，还应该熟悉各种船舶电力系统设计的规范与标准。

一、船舶电力系统的基本组成

电力网、配电装置、用电设备，也称为负载和电源，一起组成了船舶的电力系统。

为电力系统提供电能主要是由电源来完成的，通过电源可以将核能、机械能和化学能等能源转换成电能。一般情况下，船舶上多利用蓄电池组和发电机组作为电源装置。发电机是由原动机带动的，原动机可分为蒸汽机、柴油机、汽轮机和燃气轮机等。

配电装置主要对电网、电源和用电设备，起到保护、控制、监视、转换、分配和监视的作用，通常情况下可以将配电装置分为照明分配电板、蓄电池充放电板、应急配电板、主配电板和动力分配电板等类型。

电网是全船电缆和电线的总称，是联系发电机、主配电板、分配电板和用电设备间的中间环节，其作用是将电源的电能输送到全船所有的用电设备。电网分为主电网（动力电网、正常照明电网）、应急电网（应急配电板供电电网）、小应急电网（蓄电池应急供电的一部分电网）、弱电电网（导航通信、报警信号电网）。

负载是全船所有用电设备的总称。可分为甲板机械（如绞缆机、锚机等）、舱室机械（各类泵、空压机等）、船舶照明灯具（正常照明灯、应急照明灯）和通导设备（无线电、雷达、航行灯、信号灯、电子海图、风速风向仪等）。

二、船舶电力系统的基本参数

进行船舶电力系统设计的首要任务是确定好船舶电力系统的基本参数，这样对电力系统设备的价格、重量和尺寸能进行准确地控制，同时对其可靠性也有较好的把握。因此选择适合的船舶电力系统基本参数，是整个电力系统和电气装置经济性、可靠性和稳定性的重要保障。

船舶电力系统的基本参数，主要包括额定频率、额定电压、线制和电流种类。以下三项原则，是船舶电力系统基本参数的选用原则。

①船舶电站的基本参数，通常情况下应该和该国陆用电站的参数一致。

②船舶上电站的各个基本参数应该符合统一性。如果船舶上电站采用的基本参数不一样，会导致电气设备在供应和管理上没有章法，造成供应的混乱。当然变流设备和特殊供电环节以及专用的局部电网，都属于特殊情况。次级电网应该在遵循基本参数的前提下引申，尽量要贴近基本参数，这样可以使得电源参数的种类尽可能地少。

③船舶机械电力拖动的要求，是选择电站基本参数的前提条件，这样才能有效地保障电机的正常、稳定工作。

（一）额定频率

50Hz 和 60Hz 是目前船舶交流电力系统较常用的额定频率。两种额定频率相比较来说，60Hz 电制的同步转速较高，而 50Hz 电制的电磁损耗要相对较少，不过实际运用上来说，两者的差别并不是很明显的。所以说，究竟采用何种频率作为标准频率，主要根据每个地区的电力工业的通用额定频率的技术、经济要求来决定，进行船舶电力系统的设计时，系统的额定频率一般是不能任意选择的。

国内对于船用电源的频率，在《钢质海船入级与建造规范》中有明确的规定：标准频率为 50Hz 或 60Hz 的，适用于交流配电系统。在新设计的船舶中，一般采用 60Hz 的频率，当然出口船舶除外，目前国内的陆用电源和船舶电源的标准频率，都采用 50Hz。弱电设备如无线电导航等的频率，要求有一定的特殊性，因此一般由变频机组或者变频器予以供应。

（二）额定电压

船舶电力系统的重要参数还包括额定电压。因此在设计船舶电力系统时，要注重对其系统和负载的设计。国内对船舶上的直流和交流配电的最高电压都有明确的要求。所以任何一个船舶电站电压等级的选择，都应该符合国家的设计规范要求。

通常船舶电力系统的电压等级的设计，分别为：50Hz 电网的电压为 380V，60Hz 电网的电压为 440V。国内的相关规定是，通常情况下，交流电网宜采用 50Hz、380V 的电压，380V 和 220V 的电压适用于固定安装的设备，而 24V 的电压主要运用在可携带的电气设备上。

①若电力设备是用于连接固定设备或者用于固定安装的，或者是高压电气装置有特殊要求的设备，直流电最高电压为 500V，交流电最高电压为 15000V。

②若电力设备是固定安装并连接于固定布线的电力设备、电炊设备和除室内取暖器以外的电热设备，或是固定安装的电力设备和除室内取暖器以外的电热设备，由于使用上的原因需用软电缆连接者，例如可移动的起重机等，或以软电缆与插座连接，运行中不需手握持，并以截面积符合《钢质海船入级与建造规范》要求的连续接地导体可靠接地的可移动设备，例如电焊变压器等，直流电最高电压为 500V，交流电最高电压为 1000V。

③若电力设备是在居住船舱中用作照明和取暖的，或者是一些有双重绝缘的设备插座和接地设备，直流电最高电压为 250V，交流电最高电压为 250V。

④人特别容易触电的场所，如特别潮湿、狭窄的处所中的插座：a. 用或不用隔离变压器供电，直流电最高电压为 50V，交流电最高电压为 50V；b. 由只供一个用电设备的安全隔离变压器供电，这些插座系统的两根导线均应对地绝缘，直流电最高电压为 250V，交流电最高电压为 250V。

⑤一些带有大功率电力传动装置和电力推进装置的特种船舶，以及船舶上一些有特殊需求的供电系统的电压，虽然不会有比较硬性的规定，但是在设计上还是要以相关规范为前提。

（三）线制类型

中国船级社编制的《钢质海船入级与建造规范》和《钢质内河船舶入级与建造规范》中规定船舶配电系统可采用以下线制。

1. 直流

直流配电系统由负极接地的双线系统、将船体作为负极回路的单线系统和双线绝缘系统组成。

2. 交流单相

交流单相配电系统由一线接地的双线系统、将船体作为回路的单线系统和双线绝缘系统组成。

3. 交流三相

交流三相配电系统，由中线点接地的四线系统、利用船体作为中性线回路的三线系统和三线绝缘系统组成。通常采用三相绝缘系统，后两者较少选用。

（1）三线绝缘系统

三线绝缘系统的设计，不会将中性点进行人为接地，它通过变压器来联系动力系统和照明系统，因此在两个系统之间，不存在直接的电气联系，而只具备磁通的联系，这样就大大减轻了两个系统之间的相互影响。如此一来，只要电网中的绝缘电阻，是按照船舶设计的规范进行设计的话，并且船舶电力系统的对地电容又较小时，即使有任何一相出现了短路的情况，也不会影响整个船舶电网的运行。这样一来，就算电力系统出现了单相接地的故障，也不会影响电力系统继续工作。不过这种设计也存在两个问题，第一个问题是随着技术的发展，船舶开始呈现出大型化和自动化趋势，电气设备以及电缆的长度、数量和截面也日益增加，加上无线电子的干扰，这都很大程度上增加了船舶电力系统的对地电容，让船体和电网相线有了电气联系的需求，如此一来，将带来电起火的隐患，同时也对人体安全形成一定的影响，大大地增加了防火工作量。这些问题在高电压和中频电源的船舶中，尤为突出，因此也应该引起我们的重视；第二个是中性点绝缘系统中，进行合闸操作或者产生故障时，会出现超过平常电压数倍的过电压，这种问题广泛存在于船舶上的各种集中控制台、测量仪表和电子元件上，这必须引起我们的重视。

（2）中性点接地的四线系统

四线系统是在设计时，将中性点进行人为地接地。它由一个电源分为不同的电压，同时为照明系统和电力系统服务，中间不需要变压器来进行转化。这个优点在重量不大、体积较小的快艇上是非常实用的。该系统的过电压的倍数，较三线要小很多，维护起来也比较便捷，对绝缘电阻的检查，也是非常规性的。不过单相出现短路时，会使得其他三线的电流加大。因此一旦发生故障，要赶快切断电源。这种缺点的存在，也使得该四线系统在故障情况下无法正常进行供电。而且在中性点接地的四线系统中间，中线电流和三次谐波环流，会比较大，这是由有功及无功负载分配不均和三相负载不对称所造成的，所以在系统中设置直流均压线，使这种不对称性在规范的范围之内。

（3）以船体作为中性线回路的三线系统

不管是将船体作为负极回路的直流单线系统，或是将船体作为回路的交流单线系统，还是经过船体作为中性线回路的三线系统的单线系统，都因为充分利用了船体本身的材料，使得电缆的用量和配电装置、配电板和开关的用量都大大缩减了，有效节约了成本。但是这种设计，也存在一定的不利性，比如导线若是出现损坏时，会因为漏电而引起短路，这就大大增加了日常的检查工作，如果疏于检查排除隐患，则可能因为绝缘问题或者接地问题，而产生局部温度过高或者电弧，重则引起火灾，造成人身及财产安全的损害。由于单线系统在抗干扰和防火上有着不小的隐患，因此使用单线时，千万要做好相应的日常检查工作。基于以上这些问题，只有少量的小船上才会采用单线制。

而采用交流三线或者是四线制的过程中，在分路时要组合各个用电设备，尽量使得各个电相的负载都只占到各自核定负载的15%，这样才能确保三相负载的平衡性。目前的船舶设计一般都采用交流三线绝缘的系统，偶有一些船舶会采用四线系统。

线制分为两个类型，一个是对地绝缘系统，一个是接地系统。对地绝缘系统又分为单相交流双线绝缘系统、三线绝缘系统和直流双线绝缘系统，除此以外的，都是接地系统。一般情况下，船舶上对电力系统的安全可靠性有较严格的要求时，会使用对地绝缘系统；若是比较注重性价比，而且对短时间的接地故障没有特别影响的话，则会使用接地系统。不过将船体作为电气回路的接地线制，原则上还是不提倡使用。

（四）电流类型

船舶电源有交流和直流两种电制。与直流电制相比，交流电制具有以下优点。

①提高电气设备的工作可靠性。采用船用交流同步发电机作为交流电站的电源装置，具有恒压、工作可靠和没有整流子的优点。采用三相交流异步电动机作为动力负载，没有电刷和换向器等设备，结构相对比较简便，工作

性能稳定可靠，日常维护也较少，设备的启动和控制也相对简便，比直流电机工作可靠。采用交流电制时，可以将照明网络与电力网络用变压器隔离，电不会产生直接的联系，这样相互之间的影响程度就非常的小，提高了电力网络的工作可靠性。

②交流电制可以方便地取得各种不同用途的电压，配电方便。

③减少了电气设备的体积和重量。交流发电机和电动机比起同样功率的直流发电机和电动机重量轻、体积小。由于交流电制的电压可以设计得比直流电制高，在相同功率的情况下，输电电缆的截面积较小，重量也就相应减小。

④降低电气设备的制造成本。交流电机、电缆的尺寸和重量都比相同容量的直流电机、电缆的尺寸和重量要小，节省了大量的材料，大大降低了电气设备的制造成本。

⑤便于维护、保养和管理。交流电动机无换向器和电刷，启动设备简单，因此便于维护、保养和管理。

三、船舶电力系统的工作特点

船舶负载和陆地负载有着不一样的特点，因此在船舶电力系统中采用的发电、配电装置、电站容量和电压等级等的设置，不能完全参考陆地的电力系统，其设置的差异性有以下几点。

（1）船舶发电机的单机容量较小

陆地电网容量从几百万千瓦起，到几千万千瓦，而且单机容量也达到几十万千瓦，但是船舶发电机不需要这么大的容量，最大也不过1000kW。因为船舶的电站容量不大，因此需要更加稳定的电力系统，防止较大负载启动时，对电网造成影响，从而限制船舶的正常运行。例如，船上使用的发电机调压器，比陆地上使用的有着更加严格的指标要求，并且具备强行励磁的功能，而陆地上的发电机，只要具有过载功能就足够了。此外，船上务工人员的变动性大，这也要求船上的自动控制装备，具有较好的稳定性和可靠性。

（2）船舶电网输电线路的长度短

船上的发电机，在电网电压、符合电压 和终端电压的等级是一致的，这和陆地上高达数千米的高压输电网相比，往往具有更简单的系统。船上的容量比较有限，这就需要电气设备更加集中，电网长度也有所限制，这就简化了对电网和发电机的保护，往往只需要对发电机实施外部短路和过载保护即可，用一套装置就能同时实现对发电机和电网的保护。

（3）船舶电气设备工作环境恶劣

与陆地相比，船上的电气设备的工作环境更加恶劣，大大地影响了船上电气设备的使用寿命和工作性能。周边过高的温度，对电机力矩会产生重大的影响，会加速绝缘体的老化；而船上过高的湿度，也会使得绝缘体变形、受潮和分层，降低绝缘体的工作性能，而且会造成金属部件的镀层掉落和腐蚀；再加上船舶运行时会遇到的各种不利条件，如盐雾的出现、灰尘的集落和霉菌的繁殖等，都会对绝缘体的运行性能产生重要的影响。当然，重大的振动和撞击，也会影响电气设备的使用寿命和运行性能。

四、船舶电力系统的基本类型

船舶的吨位和用途不同，使得电力系统的选用标准也不同。一般情况下，船舶上的电站包括了电力系统的发电机组和主配电板。根据电站和能源系统的关系以及数量的不同，电站类型又分为以下几种。

（1）交直流混合电力系统

交直流混合电力系统，顾名思义是混合了交流发电机组和直流蓄电池组的一种电力系统，一般在潜艇等船舶上用得比较多。该电力系统可以储备电能，使供电更可靠稳定。船舶上的用电设备主要使用交流电，所以属于交流供电系统，若主要使用直流电的话，则属于直流供电系统。

（2）交流电力推进联合电力系统

工程船等属于电力推进的船舶，是联合运用供电和推进的一种电力系统，该系统的经济性和机动性更高。

（3）直流电力推进联合电力系统

柴油机驱动的船舶电力系统，采用的是直流电力推进联合电力系统，这是比较早期的一种系统，它的供电方式有两种，一种由蓄电池供电，另一种由推进发电机来进行供电。

（4）单主电站电力系统

单主电站电力系统，既要满足主电站的供电，又要满足停泊电站和应急电站的供电，这样一来，既保障了船舶的正常运转，又能保障船舶在应急情况或者低负荷的情况下，获得必要的供电。该电力系统通常会配备两台以上的发电机组，这样的话，万一有一台发电机组发生故障，另一台能作为替换。该系统常见于一些民用的船舶上。

每一台机组都是由自动空气开关、主配电板汇流排和电缆进行连接的。将两台机组在同一个汇流排上进行并联，就能实现两台机组同时进行供电。该方法使得供电网络更加简化，使得电站备用容量的备用度也有很大提升，在负载有急速变化的情况下，还能减轻电网的电压波动幅度。

主配电板汇流排的连接方式，可以利用分段汇流排的方式，就是利用隔离开关，将汇流排隔成两段及两段以上。它与单汇流排式最大的不同之处是多了数只自动开关，不过可不能小看这几只自动开关的作用。这几只自动开关的作用在于：其一，同一时间运行的发电机，既能实现单独工作，又能实现并联工作；其二，若是汇流排的某段出现故障的话，可以通过断开分段隔离开关，来确保其他的机组对未出现故障的其他段汇流排进行供电；其三，若是馈线出现某一段的故障时，分段隔离开关的跳开，能断开短路电流，减少馈线上的短路电流。

应急配电板汇流排和主配电板汇流排上的供电，都是由主发电机供给的。若主发电机产生故障，可自动或手动地让应急发电机参与供电，而且联锁装置连接了应急电板和主配电板，当联结开关断开后，不但避免了应急发电机供电给主配电板的情况，还防止了两台发电机同时工作造成的设备过载，避免了发生危险的可能。船舶停放在码头的时候，还能借助陆地上的电网进行供电，这种供电属于岸电，一般都连接在应急配电板上，再由联络开关进行控制，使其向主配电板供电。

（5）多主电站电力系统

多主电站电力系统在船上一般会配置两台以上的主配电板，在一个多主电站电力系统中，而且在设置时需要注意的是，要将这些电站安置在船上较安全的地方，这样才能确保船上的供电安全可靠，并有效延长电站的运转寿命。多主电站电力系统一般设置在核动力船、战斗军舰和性能要求较高的船舶上，比如一些比较大的航空母舰等，最多有 8 个电站。

（6）其他类型的电力系统

除了以上几种电力系统外，还有一种利用主机余能发电的发电系统。这是近年来发展起来的一种节能电力系统。它除了有通常的柴油发电机组外，还配备有利用主机余能发电的轴带发电机或利用主机排出废气的涡轮发电机。当主机持续工作时，全船所需的用电主要依靠节能发电机组提供，该发电系统十分经济，应用也日趋广泛。新的电力系统形式还在不断涌现，可见船舶电力系统的内容是十分丰富的。

五、船舶电力系统的设计分析

（一）船舶电力系统的设计内容

船舶电力系统的设计即依据设计任务书，根据船舶总体设计的要求，制定适宜的电力系统的功能和参数，选用合适的电力系统方案。船舶电力系统设计是船舶单体设计的一个部分，分为方案设计、技术设计和施工设计三个阶段。但设计阶段的划分并不是一成不变的，不同的设计部门、不同的设计对象，其设计阶段的划分也不一样。对于新型、复杂、缺乏成熟经验借鉴的船舶，其设计阶段要多一些，设计周期长一些；而对于常规、简单、多批建造、技术较成熟的船舶，其设计周期则可缩短。有的船舶只需经过概念设计、生产设计两个阶段就可投入建造。

1. 船舶电力系统的方案设计

方案设计的主要任务是确定总体概貌，解决各种技术关键问题。由于方案设计从根本上确定了以后各阶段设计的方向和轮廓，因此它对总体设计的成败起着关键的作用。在这一阶段中，需要根据船舶总体的设想，侧重对船舶整个的电力负荷进行预计，以此来制定需要的参数、组成形式、运转方法和造型等，对重要的电力设备进行总的规划，初估其重量重心，有时还应报出电力系统的成本估计。本阶段提供的图纸资料有电力负荷估算书、电力系统方案设计说明书、主配电板单线图、主要电气设备的初步订货明细表、主要电力设备的布置方案以及解决技术关键问题的报告等。

2. 船舶电力系统的技术设计

技术设计的任务是在技术细节上进一步肯定和充实方案设计。在技术设计阶段不但应协调解决电力系统所有的技术问题，而且绝大部分的主要电力设备均应安排落实。技术设计阶段设计的主要图纸和资料应提交国家船物检验局或用船部门的专门审图机构审查同意后，作为施工设计的依据。技术设计阶段需要完成的主要图纸和资料有全船电力负载表、电力系统图、主配电板电路图和外视图、应急配电板电路图和外视图、蓄电池充放电板电路图和外视图、全船电气设备布置图、主干电缆敷设图、电气设备订货明细表、全船电气说明书、试验试航大纲等。

3. 船舶电力系统的施工设计

施工设计是为已确定的技术设计付诸实现而进行的面向建造的设计，因而它应着重进行生产细节的设计。船舶电力系统的施工设计阶段需要设计、绘制施工所需的全套图纸，提供电力设备和材料订货明细表、船厂自制件清单和图纸、电力设备重量重心计算表册，编写电力系统操作、维护、使用技术条令等。

（二）船舶电力系统的设计要求

对船舶电力系统设计的要求主要有：①明确船舶设计技术要求，熟悉现行船舶设计规范，了解电力系统设计发展现状，合理设计，电力系统应工作可靠性高，生命力强；②电气设备应具有三防（防盐雾、防油雾、防霉菌）

性能，并具有防火、防燃、防爆性能和耐冲击、振动、摇摆等性能，能在船上较高的环境温度（有时达 55℃）和大于 95% 的相对湿度条件下正常工作，在满足技术和用户要求的情况下，应选用重量轻、体积小的电气设备；③保证工作人员的安全，防止发生触电事故，根据相应的设计规范要求，电气设备的带电部分以外的所有可接近的金属部分均应可靠接地，以满足公认的安全要求；④为保证所有电气设备和电子设备在船舶电磁环境中能正常工作，应采取适当的防电磁干扰措施。

（三）船舶电力系统的设计步骤

船舶电力系统的设计，应与总体、船体、舾装、轮机等其他专业密切配合，常按以下步骤进行。

①选择船舶电站的电流、电压、频率和线制等主要参数。正确选择发电站的参数，可以保证整个电力系统的可靠性、稳定性和经常性。一般来说，船舶上不仅需要配备主发电站，还要有用于紧急情况下的应急发电站和应急蓄电池组等。

②汇总全船用电设备，进行全盘电力负荷计算，确定船舶主电站发电机组功率和数量。如果设有应急发电站，还须进行应急负荷计算，确定应急发电机组的功率。如果设有应急蓄电池组，还须考虑蓄电池容量的计算和选择。在确定发电机组的同时，对发电机组的电压调整装置和并联工作，亦应充分考虑，因为这些因素对电力网络和配电设备的设计和选型影响很大。

③对全船的配电装置和电器进行造型或设计，包括主配电板、应急配电板、充放电板、驾驶室综合控制台、岸电箱、各种电力分电箱、照明分电箱、各种仪表、各种开关和电器等。船舶上具有多种多样的配电装置和电器，这些设备中，有的只需要根据要求来进行配置，而有的则需要重新设计，在电力系统的设计中，要注重对配电装置的选用和设计。

④在整个船上的配电装置和电源装置都配备好了以后，再依据其他专业如舾装、轮机和船体等的安装要求和位置，还有整船的设计图等，即可着手船舶电力网的设计。电力网的设计包括全船配电系统的确定和网络的设计，并对机舱及各舱室（如无线电机室、蓄电池室、配电控制室、驾驶室等）应进行电气设备的布置。

⑤确定好整个船舶的电力后，还要综合考虑电力系统可能遇到的所有问题，这样才能确保配电设备的造型设计，以及为电力系统的相关保护提供必要的条件。

第二节　船舶中高压电力系统

随着科技的不断发展，船舶电气化水平也日益提高，船上用电设备的数量逐渐增加，同时用电负担也飞速上升，所以现代船舶中的高压电力系统，相对于传统船舶来说，在电力容量上出现了较大的差异。当前有很多大型船舶的电力系统容量，已经达到数十兆瓦，更有一部分海洋工程船舶以及专用船舶电力容量，已经超过一百兆瓦。船舶电力系统容量的增加，对于传统的低压交流供电系统来说，带来了前所未有的压力，为了适应电力系统容量的增加，研究人员开始在船舶电力系统中，进行应用中高压电力系统的实验。①

一、船舶中高压电力系统分析

（一）系统问题的分析

随着船舶大型化的发展，船上用电负荷和输电距离不断增大，传统的低压配电系统在使用安全性上有着很大的局限性。

2000 ～ 2500kW（380V），是国际上所认定的低压工频发电机组的容量上限。由于技术问题以及经费限制，很难满足在低压等级上设计制造出2500kW 以上的发电机，但是目前电力系统容量超过 10MW 的大型船舶有很多，而且目前国内除特殊船舶外的船用低压发电机的单机容量，都没有超过1.5MW，因此不可能安装七八套甚至更多的发电机在一艘船上的。

125kA 是低压短路器所能开断的最大电力容量，330kA 是汇流排所能承受的瞬间最大峰值短路电流。但是随着系统容量的不断增加，在电机发生故障时产生的短路电流也在日益增加，这对传统断路器与保护装置的分断能力提出了更高的标准，不过，实现这一标准是极为困难的。

在船舶电力系统容量提高的同时，低压系统的机组数量在不断增多，构建出的网络结构日益复杂。因此对于在多机组、结构复杂的系统中保护和控制如此大的电力容量来说，更是难上加难。

同时因为船舶内部的空间有限，导致可供安装设备的空间较小；电力容量的增加，使得发电机的额定电流也相应增加，这不仅让传输电缆的发热量增多，同时也让线路损耗日益严重；供电线路是由多根电缆并联组成的，这不仅对电缆的进出接线提出了更高的要求，同时占用的空间也越来越多，对于安装和维修来说，也是极为困难的。

① 温莉．对船舶高压供配电装置中几个问题的探讨 [J]. 江苏船舶，2017，34（4）：17-19.

（二）特点及电压等级

随着系统电压的提高，船舶采用的中高压配电系统能够承载更大容量的电力负载，可以直接为大容量负载供电，减小了大容量发电机、电动机、电缆和变压器的尺寸和重量，大幅度减少了输送电流和预期短路电流，同时船舶的安全性也得以提高。

对于中压电力系统的定义，在世界各地以及不同领域中有着完全不同的标准，按照 IEEE 标准 100 中的相关规定，额定电压大于 1000V，小于 10000V 的电力系统，被定义为中压交流电力系统；除了中压电力系统，还有着高压电力系统和超高压电力系统。在额定频率为 60Hz 的电力系统中，中压的额定值包括 2.3kV、6.6kV 等；同时中压的额定值为 3.3kV、6.0kV、10.0kV 等，存在于额定频率为 50Hz 的电力系统中。一般而言，选择电动机是否采用中压电力标准的传统功率值分界点是 450kW。

（三）供配电网络结构

中高压供配电系统中的配电网络结构，基本构思有两种类型：一是放射形网络，二是环形网络。放射形的网络结构，通常应用于传统低压供配电系统，这是因为传统低压供配电的电力系统容量相对较小，电网结构也较为简单，用电负担较小。现代的各种船舶中的中高压供配电系统，要根据自身的实际需求，来综合使用两种网络结构。

1. 放射形网络结构

发散式传输，操作、控制简单便捷，自动化程度较高，这是放射形供电网络系统的主要特点。同时因为采用串联结构的断路器，所以当电路出现故障时，能够进行选择性断开，同时因为简单的系统结构，保护方案也相对容易制定，选择性也更好。而且，放射形供电网络具有易扩充的特点，借助简单的插槽就可以连接新的配电板，也可增加新的负载接入点。

但是放射形供电网络并不适应现代船舶电力系统，因为现代船舶电力系统具有容量增大、电力系统结构日益复杂的情况，因此放射形供电网络的缺点也日益暴露，主要有以下两点：①制定出对于复杂供电网络相对高效的选择性保护方案比较困难；②放射形供电网络结构单一，一旦某支路出现故障，所有负载都会失去电力供应。

2. 环形网络结构

环形供电网络的电力供应，借助分配电板连接呈环形输送电力，至少有两条供电路径为重要负载供电。因此，环形供电网络具有系统供电的可靠性。

从系统保护这一角度来说，一旦负载端出现故障，那么只需切断输出端的电力供应，当分站出现故障时，也只需切除分站的电力供应，环形打开，保证其他分站的继续运行。

从理论层面来说，环形网络结构，能够在极大节省经济支出的情况下，保证系统中所有负载的电力供应，无论任何情况都能确保供电的连续性以及可靠性。因为无论发生任何情况，只要改变运行供电机组的数量，就能够确保系统中所有负载的电力供应。所以环形供电网络可以制定恰当的控制策略，借助最少的电机来满足电力供应的需求。而且，对于系统内部任意一个负载来说，都有两条不同的供电路径为其提供电力，确保供电的连续性以及可靠性。所以相对于放射形网络来说，环形供电网络更具经济性、连续性以及可靠性。但是由于环形供电网络的系统结构相对较为复杂，电流的实际运行路径很难确定，所以环形供电网络系统保护方案的制定极为困难。

（四）系统及设备要求

按规定，系统中的额定电压不应超过 15kV，但是如果有特殊需要，并且获得中国船级社（CCS）批准后，可以使用更高的电压。

在同一外壳内部，不应将电压超过 1kV 的高压电气设备和低压电气设备组装到一起。如果两者必须要组装到一起，那么就需要做好隔离以及其他措施，以此来保证人员能够靠近低压设备，安全地进行作业。

高压电气装置的配电有以下几点要求。

①至少有两个独立的分段存在于主配电板中，借助至少一个断路器或者其他的隔离设备进行分隔，在每一个分段中，至少有一台发电机进行电力供应，假如电缆将两个独立的配电板连接起来，那么应该将断路器置于电缆的每一端。双套设备可连接置于不同分段。

②在中性点接地系统中，出现电路故障时，接地故障电流既不能大于置于配电板或者配电板分段上的最大 1 台发电机的满载电流，也不能小于其他接地故障保护器最小动作电流的 3 倍。所以无论使用哪种方式供电，都要确保至少有一个电源中性点接地。同时，在出现故障时，中性点直接接触地面的电气设备以及其他中性点接地的系统，要能够承受单相接地故障电流，时间截止到其他接地故障保护器脱扣。

③切断中性点接地的措施应该在每台发电机中存在，中性点接地连接的切断，利于工作人员进行检修和测量绝缘电阻。

④每个接地电阻器，都应与船体相连接，在与船体连接后，其产生的环流不会干扰船舶内部的无线电、雷达、通信和控制设备电路。

⑤在中性点接地的系统中，主配电板上的每一分段都应将中性点与船体相连接。

⑥安装场所不同，高压电力设备防护外壳的等级也不同。

⑦高压电气设备的电气间隙以及爬电距离，要遵循相关规定，同时对于并没有经过试验的设备，要保证其非绝缘部件间的相与相、相与地之间的电气间隙，超过规定值。例如，电压是所列额定电压的中间值，那么应取电压高的这一档的值；如果电气间隙低于所列额定电压的值，应进行相应的冲击电压实验测试；带电部件之间及带电部件与接地金属部件之间的爬电距离，要符合相关国际电工委员会（IEC）出版物中关于系统的额定电压、绝缘材料特性和开关及故障时产生瞬间过电压的规定。

对于有开关设备的汇流排分段上的非标准部件来说，25mm/kV 为最小的爬电距离，16mm/kV 为限流设备之后的最小爬电距离。

高压电力系统在保护上有以下几点要求。

①保护装置是必须设置的，当发电机内部绕组或者主配电板到发电机之间的电缆出现问题时，可以起到保护作用。自动启动保护装置，将发电机灭磁，并且将发电机断路器脱扣。出现相对地间故障的中性点，其接地的配电系统，在处理上也要依照上面的要求。

②在系统中，出现任何接地故障都要有两种报警形式，听觉报警和视觉报警。在直接接地或者低阻抗的系统中，应该设置对故障电缆自动进行切断的保护设备。高阻抗接地系统中，如果输出电源没有在接地故障发生时断开，那么应按照相对应的电压来设计设备的绝缘。

③短路和过载保护，应该设置于电力变压器之中。在需要变压器并联运行时，初级侧保护电器的脱扣，要能够与次级侧的开关自动中断连接。

④电压互感器在次级侧应该设置短路和过载保护。

⑤过载保护不使用熔断器。

⑥低压系统在由高压系统通过变压器进行供电时，要设置过电压保护。主要的接地方式有：次级绕组间和变压器初级的接地屏蔽，适当的中性点电压限制器，低电压系统直接接地。

旋转电机的要求：

①为了使差动保护方便安装，要把发电机定子绕组所有相的端头引出；

②温度检测器要设置于定子绕组中，在温度超出相应的范围时，触发听觉和视觉报警器，这些报警器通常安装在有人值守的位置，使报警信号得以发出；

③在使用埋置式温度检测器的情况下，需要设置电路的过电压保护。

安装要求：

①如果设备安装在船舱室内，且设备没有外壳，这时应设置联锁措施，使舱室的门，只能在设备已经接地和电源断开的情况下才能打开；

②相应的标志牌应设置在安装高压设备的位置入口，标明高压危险，类似的标志牌也应该设立在其他装有高压设备的处所。

高压电缆的敷设应符合下列要求：

①途经居住位置的高压电缆，应在封闭的电缆敷设系统内进行敷设；

②其他不同电压的电缆，应该与高压电缆进行分离，尤其是不可以在同一电缆槽、管道、束、盒中进行敷设；

③在同一个电缆托架上不能同时安装额定电压在1000V及以下的电缆和高压电缆；

④应在托架上安放铠装高压电缆，或要有连续并有效接地的金属保护罩，如果没有，就要在封闭且有效接地的金属罩中安装整根电缆；

⑤在高压电缆的一切导体的端头，都要用相应的绝缘材料进行覆盖，接线盒中的导体如果没有绝缘层，就需要在相间和相对地之间，都用间隔板隔开，且间隔板由绝缘材料制成；

⑥端头要能够与保护层材料和电缆的绝缘兼容，并且电缆的一切金属保护层都要接地；

⑦为了方便识别，高压电缆要有相应的标志；

⑧加装的或者新的高压电缆装置，在运行之前，需要对每一完工的电缆及其附件进行绝缘电阻测试，完成之后还要进行耐压测试，电压在交流电压耐压测试时，应大于或等于正常工作电压，并且持续24h以上。

二、船舶中高压电力系统安全

在船舶的中高压电力系统中，虽然工作人员没有携带直接接触带电的设备，但是如果不慎与带电设备保持近距离，并且小于安全操作的距离，那么就有可能会发生触电事故。完全封闭的开关柜中有船舶中高压电力系统的变压器，电流、电压互感器，断路器等一系列电力设备。如果要进行带电操作，工作人员要完全按照安全操作流程进行，采用专业的绝缘工具。在设备维修时，工作人员一定要确保电路关停，然后再进行维修。在船舶中高压电力系统中，要安置必要的隔离开关和接地开关，以此来保证工作人员的安全。

同时为了进一步保障工作人员的人身安全，要确保工作人员所在的电路处于无电的状态，并且在船舶中高压电力系统供配电线路上，要安置多个接地开关，接地开关的两端分别与母线和接地点可靠相连。接地开关与隔离开关一样，并不具有灭弧装置，也没有带负荷分、合闸。所以在进行电路维修和检验设备时，要将相应的接地开关合上，确保线路和设备可靠接地，避免电路上过多的电荷累积或电路三相接地造成电流短路而导致断路器跳闸现象的发生。

第三节　船舶供配电网络概述

由配电装置、导线和电缆，通过特定的方式进行连接，所形成的整个系统就是船舶电网，就像人身体里各个器官的血液是由血管运输的一样，船上各个用电设备的电是由电网输送的。船舶的电网由两部分组成，一是配电网络，二是供电网络。配电网络是连接用电设备和应急配电板、主配电板的网络。供电网络是连接应急配电板、岸电箱和主配电板，以及主配电板之间、应急配电板与应急发电机、主配电板与主发电机之间的网络。如果有很多电气设备在船上，那么直接供电就不能全部由主配电板来完成，要通过分配电板或者分配电箱进行配电[①]。

一次网络指的是主配电板与供电负载或分配电箱与主配电板之间的网络，二次网络指的是各用电设备与分配电箱之间的网络。

一、船舶供电网络的分类

（一）按用电设备使用电压等级划分

低压网络、照明网络、动力网络，是根据用电设备所运用的不同等级的电压进行分类的。

（1）低压网络

低压网络的电压为50V以下，低压网络对用电所需电压为50V以下的设备进行供电。低压网络主要用于艇甲板等处的最低照明，应急出入口处、锅炉仪表、主配电板前后、主机操纵台、公共场所的应急照明，以及设备控制系统的用电、通信导航和无线电设备的应急用电，供电主要使用24V直流电源。

（2）照明网络

照明网络的电压为220V。照明网络与主配电板汇流排上的变压器副边相接，给照明分配电板进行供电，最终给照明灯具进行供电。在船舱中，照明灯具的分布是交叉的，需要独立进行供电的线路有两个，目的是当一条线路出现问题时，另外一半可以正常照明，驾驶室对外面照明线路的连接和断开，能够进行集中控制。

---

① 赵殿礼，张春来．船舶电气设备与系统［M］．大连：大连海事大学出版社，2009.

（3）动力网络

动力网络的电压为380V。动力网络对探照灯（功率大于1kW）、电热装置（600W以上）和电动机等进行供电，占电量总负荷的70%左右，供电由主配电板直接供给，也可以合并临近的性质一样的辅机，分配电板供电可以通过主配电板单独馈电这种方式。

（二）按电源装置类型划分

主电网、应急电网、临时应急电网、弱电电网是根据不同类型的电源装置进行分类的。

（1）主电网

主电网是供电时主发电机将电输送到主配电网，进而进行供电的网络。主电网可以由主配电板直接对用电设备进行供电，也可以由主配电板将电输送到分配电箱，再对用电设备进行供电。通信导航、照明和动力等设备的供电，是由主电网直接进行的。有应急电源的时候，主配电板将电输送到应急配电板，进而给其中一条线路供电。如果一条馈电线路出现问题，通过对驾驶室内的控制板进行切换，能确保使用另一条线路可以正常供电。

（2）应急电网

由应急蓄电池或者应急发电机进行供电的网络就是应急电网。当主电网出现问题时，船舶上的重要设备需要通过应急电网进行供电。应急电网相对于其他电网而言是独立存在的，因此无论是在安装上，还是在布线上，都要与主电网分离，要求可靠性强、安全性高，然而当出现一些特殊情况时，可以将其运行指标适当降低。

根据我国的船舶规范，在海上航行的载客船舶，在主电网出现故障时，应急电网要能够持续向导航、无线电通信、应急照明、应急动力等设备进行供电，至少达36h，载货船舶要求至少达80h。在内河上航行的载客船舶，主电网出现故障，应急电网应能保证向导航、无线电通信、应急照明、应急动力等设备持续供电达1h。

没有特殊问题的时候，应急电网的供电，可经过联络开关由主电网进行。主电网出现故障，应急电源立即接通，给通信导航、应急照明、信号灯、消防泵、舵机等主要设备进行供电。

（3）临时应急电网

由临时应急蓄电池进行供电的网络就是临时应急电网。在主电网出现问题时，临时应急电网要能够立即自动供电。如果船舶上的应急电源为应急发动机，但是没有自动启动装置，就需要安装临时应急电网，对于蓄电池的要求是能够达到持续供电 30min。

（4）弱电电网

无线电、通信和助航设备中，不同频率、电流和电压的电网，包含于弱电网络中，如船上的信号报警系统，电话、广播等通信设备，测探仪、定位仪、测向仪、雷达等助航设备，无线电收发报机等，都是由弱电电网进行供电的。耗电量比较小是这类设备的特点，在使用电源方面与主电源也不完全一样，无论是在电压、频率上，还是在稳压稳频的性能上，都对供电电源有着特定的要求，所以，在船上对于弱电设备进行供电，需要专门配置变频器或者变流机组。

二、电力负载重要性的等级划分

电源的波动会给负载设备带来影响，而设备的运行也会反过来对电源产生影响。因此，电网设计不仅要注意电源的配备，而且还要注意负载的合理安排。电力系统设计不可能以保证全船所有设备的不间断供电作为目标（事实上这是难以办到的），而只能以保证与船舶运行有关的重要设备的供电作为主要目标。因此船舶电网设计首先应对全船电力负载进行分析，并加以适当的分级。

结合船舶设计的经验，在船舶运行过程中，根据电力负载的重要性，可以分为一级、二级、三级负载。

①一级负载。一级负载对于全船的生命安全有直接影响，这些设备是至关重要的。为了船舶的安全，这些设备不仅不能中断供电，而且其他电路也不能对其产生干扰。一级负载主要有五种类型：一是应急发电机原动机的辅助保障设备；二是应急通信、航行信号识别灯、应急照明设备；三是船舶的最后防卫手段，比如电子干扰设备、快速防空武备；四是通风设备，对船上人员的生命安全有影响，还有机械保护以及船舶动力装置冷启动所需要的设备；五是对船舶航行操纵有影响的设备，比如操舵装置和它的辅助设备。

②二级负载。对于船舶的使命任务，二级负载有着直接的影响，这些用电设备非常重要，如果它们的供电受到其他线路影响或者中断，船舶的使命任务也会受到影响。二级负载主要有：一是工作舱室的空调和通风装置；二是消磁设备；三是医疗设备；四是导航、通信、观察电子设备；五是船舶重要的管路系统；六是动力辅助设备。

③三级负载。三级负载的用电设备，对供电指标的要求比较低、工作时间也不长，比如金加工设备、锚机系缆设备、生活空调设备、电池充电设备等。

对于船舶的运行来说，设备的级别不同，产生的影响与作用也是不同的，在网络供电的处理上也是不一样的。对于一级和二级负载来说，应该保证两个独立电源的双舷供电。对于三级负载来说，只需要一个电源单路进行供电就可以了。在船舶上设有应急电网和应急发电机的，首要保证对于一级负载的供电，在有富余的时候，再供电给二级负载。距离电源更近的位置上，应连接一级负载。

划分负载级别等级仅仅是一种区别对待的办法，而不是提高各种电力负载供电可靠性的途径。所以，应该适当控制一级负载占全船负载的比例，否则就失去了划分等级的意义。一般情况下，一级负载不应超过30%，三级负载也应居少数，大部分负载应属于二级负载。电力系统设计中，应该采取各种有效措施来提高全船电力负载供电的可靠性和生命力，二级负载应该列为重点，它是改进电力网供电性能的主要对象。它们的供电可靠性能否得到保证是电力网设计成功与否的一个极重要的标志。

不同类型或不同用途的船舶电网，电力负载的分级也不同。对民用船舶而言，所谓一级负载，与其应急负载没有本质上的区别。

船舶的特殊设备，其供电不间断性或供电指标具有完全不同于一般负载要求时，可以不列入以上按重要性划分的三级负载范围之内，电网设计时应另做特殊的处理。

三、船舶电网的基本方式

（一）分类

船舶电网采用的基本类型方式有五种：馈线配电方式、干线配电方式、混合配电方式、环形配电方式、网形配电方式。

1. 馈线配电方式

馈线配电方式又分为直接式和棋盘式，直接式是直接在主配电板的馈线上引出分配电箱以及用电设备，对于给用电设备的供电方式方面，如果船舶有两个电站，通常采用棋盘式。直接式和棋盘式，都是由主配电板给全部用电设备进行供电的。从形式上来看，对于用电设备来说，馈线配电方式供电具有较高的可靠性，然而馈线电缆过多，如果任何一条线路电量负载出现故障，或者产生较大改变，那么会很大程度上影响到主配电板，这样就会使供电系统的可靠性降低。所以在小型船舶上，由于用电设备比较少，会常用馈线配电方式，也可能局部使用这种方式，由主配电板给舱室的负载进行供电。

2. 干线配电方式

干线配电方式是由主配电板引出几根干线电缆对原有用电设备由串联在

干线上的分接电箱供电。这种配电方式的优势是电网结构比较简单；由于主配电板的尺寸比较小，船舶干线电缆的数量也大大减少，从而使造船成本降低。其缺点是供电可靠性较差，若干线电缆发生故障，此干线供电的原有用电设备均要停电。集中控制电气设备是不容易的，在电力系统中，仅仅使用干线式供电的，目前已不常见。

3. 混合配电方式

干线式和馈线式混合的配电方式，就是混合配电方式，也就是一部分配电箱或负载，使用干线配电方式，另一部分使用馈线配电方式。对于大功率和重要的负载，使用馈线式直接供电；对于功率比较小，并且不那么重要的负载，使用干线式进行供电。

混合配电方式的优势是，整个供电系统不受个别线路故障所影响，配置合理的情况下，可以使重要的设备供电可靠性强，所以在船舶上，这种配电方式比较常见。

4. 环形配电方式

将负载的分配电板和主配电板，通过串联的方式连接，围成一个环形给设备供电，就是环形配电方式。环形配电方式有负载环、电源环和全闭环数种。

这种配电方式的优势是电源到负载的通路比较多，供电的可靠性也比较强，所以环形配电方式的应用比较广泛。然而这种配电方式需要复杂的维护和管理，这就要求维护和管理人员具有较高的技术水平。

5. 网形配电方式

船舶上的负载和发电机都较多的时候，配电方式就需要从环形发展到网形。在网形配电方式中，至少有两个以上全闭环，本质上和环形配电没有区别。

（二）特点和适用范围

上面阐述了五种配电方式，它们有着不同的特点，适用范围也是不同的，馈线配电方式和干线配电方式，目前很少单独应用。网形配电方式是一种发展中的形式，在一些吨位很大的船上适用。所以，环形配电方式和混合配电方式是如今世界范围内比较常用的。在船舶电气系统的发展过程中，环形配电方式更优越还是混合配电方式更优越，一直是业内讨论的焦点问题。各国陆上电网使用的形式，也对船舶电网的类型有很大影响。通常来说，一些国家陆上电网电力系统采用环形电网，那么这些国家的船舶一般也使用环形电网。一些开环形式的电网应用在船舶上，虽然整个电网是闭环的，然而在实际应用中，往往将某一环节割断，割断的部分在需要的时候再合并形成闭环。通过这样的操作，能够使电路的维护和管理更加简单，规避闭环的一些劣势，那些在技术上不能很好地完成闭环运行的船舶，可以使用这种方法。

电网技术的发展，是决定混合配电方式能否被环形配电方式取代的关键。如今，电力系统的稳定性研究有了很大进展，因此，在船舶电网配电方式中，环形配电方式很有前景，特别是在军用的船舶中，其价值作用更加明显。所以，加强研究和探索环形电网的应用工作，有利于船舶事业的发展。

第四节 船舶电缆及电网设计

随着船舶电气自动化程度的提高，船上所需要的电线电缆品种和数量也越来越多；同时电线电缆的使用又受到船舶环境条件、工作条件及防火等诸多因素的影响，因而存在着如何选好电线电缆的问题。本节主要介绍船用电缆型号、导体和绝缘材料的选择，电缆连续工作制的电流定额及其各种校正系数和电缆截面积的选择以及船舶电网设计。

国家的电网系统，对线路设计有很高的要求：必须使电网网线与用电设备的连接达到最佳状态；优化配置有限的电网资源，突破条件的有限性，为用电设备开通更多的输入电流渠道；尽可能拓宽用电线路，为用电器件提供充足的电量。确保用电及时的前提是，发电站的设备齐全和全覆盖式的电网配置，只有这两个条件同时具备，才可以保证系统的正常运作。所以，船舶电缆的覆盖情况和敷设状况，决定了电网类型的最佳方案。

一、船舶电缆

（一）电缆的选择要求

1. 电缆型号的选择

选择电缆型号首先应明确电缆型号（代号）的含义，然后根据电缆的用途、敷设位置和工作条件，选择满足用电设备使用要求的电缆型号。例如：乙丙绝缘氯丁护套船用电力电缆（型号 EPR/DA），其主要用途为固定敷设；乙丙绝缘氯丁内套裸铜丝编织铠装船用电力电缆（型号 EPH80/DA），其主要用途为固定敷设，用于防干扰场所；乙丙绝缘氯丁内套裸铜丝编织铠装船用电力电缆（型号 EPR90/DA），其主要用途为固定敷设，用于防机械损伤场所。

2. 电缆导体的选择

船用电线电缆一般采用铜作为导体。按国际电工委员会标准要求，对于热固体（或弹性体）绝缘的铜丝应镀锡，对于热塑性塑料（如聚氯乙烯）绝缘的铜丝可以不镀锡。但是我国目前生产的船用电线电缆导体都是由镀锡铜丝组成的。电线电缆的软硬程度（或弯曲性能）与导体结构有很大关系。在相同截面积下，组成导体的铜丝越细，根数越多，则电缆越柔软，故船用电缆标准中把导体结构分为一般（固定敷设）、软（移动用）和特软（可多次重复弯曲和扭转）3 种。对于固定敷设应选用一般硬度导体；用于一般性移动设备应选用软电缆（在型号中最后一个字母为 R）；对于移动频繁或重复扭转使用的应选用船用特软电缆。如一般电缆（CEF80/DA），连接固定电器设备；软电缆（CEFR/DA），连接移动电器设备；特软电缆（CRHF），连接频繁移动、回转或摆动的电气装置。①

3. 绝缘材料的选择

电缆电流定额的大小主要取决于电缆绝缘材料的耐温等级（即导体长期允许工作温度）。在同样的敷设条件下，耐温等级越高，其电流定额越大。如果使用环境温度较高，而选择的电缆绝缘材料耐温等级又较低，导致由电流发热引起的允许温升很低，就限制了电流定额的发挥，不能充分利用铜材，使电缆又粗又重，很不经济。所以《钢质海船入级与建造规范》规定：绝缘材料的最高工作温度，至少应比电缆安装场所可能存在的最高环境温度高 10℃。

（二）电缆的电流定额

1. 电流定额的确定因素

电缆的电流定额是确定导体截面积的主要根据之一。电缆电流定额主要是由绝缘材料的长期允许工作温度、环境温度、工作制和敷设条件等决定的。

2. 电流定额的校正系数

（1）不同环境温度时的校正系数

当电缆周围环境温度高于或低于 45℃时，电缆的电流定额将随之减少或增加，此时的允许电流定额只需将环境温度为 45℃时的允许电流定额乘以相应温度校正系数即可。

（2）成束敷设时的校正系数

对于成束敷设在导板、管道或电缆槽内的电缆一般不要校正，可直接采用电缆连续工作制电流定额。当超过 6 根的电缆以额定电流同时工作时，因成束敷设的电缆相互紧靠在一起，影响了周围空气的自由循环，则需要乘以校正系数 0.85。一般情况下，电缆束的层数不超过两层或高度不超过

---

① 丘苑锋．船舶电气设备的安全用电与管理维护探析 [J]. 珠江水运，2017（16）：65-66.

50mm，否则不适用上述规定。

（3）5芯及以上多芯

关于5芯及以上多芯电缆（如控制电缆）的电流定额，一般将电缆连续工作制电流定额乘以一个校正系数。5～6芯时，校正系数为0.56；7～27芯时，校正系数为0.49；25～42芯时，校正系数为0.42；42芯以上，校正系数为0.35。

（4）短时工作制的校正系数

一般来讲，短时工作制包括0.5h和1h，属于0.5h的设备有塔吊、锚机专用电缆以及重型绞车，属于1h的设备有舵机专用电缆。这两种工作制设置下的机械设备，对电缆的配备有一定的要求，它的电流量必须达到连续工作制下的电流量的特定倍数，这样做的目的是校正电流定额。

（5）重复短时工作制的校正系数

当重复进行短时工作制计量时，其电流量也要达到连续工作制下的电流量的特定倍数，用校正系数加以校正。

（三）电缆的截面积确定

实际工作中，需要通过电缆截面积选择电缆类型，不同的使用要求所需要的电缆不同，电缆的敷设深度和使用范围决定了电缆的类型样式，电缆中可以通过的负载电流量是关键的决定因素。下面是选择不同截面的电缆和电线的要求。

①按电缆允许电流定额选择电缆截面，每根电缆修正后的电流定额应大于电缆能够承载的最大电流。

②当电缆中流过最大连续电流时，电缆的电压降不得超过船舶规范规定的范围。

③由于电路过载、短路事故及电动机启动等原因，在电缆中流过短时过电流时，电缆不得有过高的温升或过大的电压降。

④在敷设和使用条件下，为保证电缆有足够的机械强度，截面积不能太小。在现行船用电缆标准中规定的最小截面积：电力电缆为1mm²，控制电缆为0.75mm²，一般通信电缆为0.5mm²，非重要通信电缆为0.3mm²。

⑤发电机至主配电板（或应急配电板）的连接电缆，按发电机额定电流的100%来选择。电动机的连接电缆包括启动器在内，其截面积的大小一般按电动机额定电流的100%来选择。

⑥直流发电机均压线选用截面积应不小于正负极电源电缆截面积的50%。相复励自励恒压交流发电机采用直流均压线时，均压线的截面积应不

小于励磁回路连接电缆截面积的50%；采用交流均压线时，其截面积可根据发电机容量大小来选择，但不能小于$2.5mm^2$。

⑦交流三相三线系统一般采用3芯电缆。如果电缆截面较大时，可用两根3芯电缆并联使用。当线路电流超过20A，且必须用单芯电缆时，要采取一定的预防感应电流措施。

⑧三相四线制的中性线截面积应与相线相同。

⑨船舶若采用单线制时，从照明分配电箱到照明灯具以及无线电导航设备，均应采用双线绝缘系统，而接地可在分配电箱的汇流排处进行。

⑩进入蓄电池室的蓄电池连接线应选用单芯电缆，以便于接线。

⑪选择多芯电缆时，应考虑备用芯线。一般2～4根实用芯线，需选用1芯线备用；5～16根实用芯线，需选用2根芯线备用；17～37根实用芯线，需选用2～4根芯线备用。

⑫为了敷设方便，对截面积大于$25mm^2$的电缆宜采用单芯电缆，而对截面积超过$120mm^2$的较粗电缆可采用两根较小截面的电缆并联代替。

二、船舶电网设计

船舶电网的配备路线和输电方式，是电网设计的关键内容，同时，供电系统必须提供充足的电量来确保耗电设备的有效运转。电网设计中需要进行电压降核算，它对电线和电缆的种类选择有一定的要求。

（一）船舶电网设计的基本要求

合理的船舶电网需要具备以下性能：

①电网生命力强，可靠性高；

②电网设计应保证系统操作的灵活性；

③电网设计应努力提高其技术经济指标；

④电网设计应周密考虑电网的保护措施。

对于一些重要的电网参数应在故障动作前发出预警，以引起值班人员的警觉，提前采取必要的措施。

保护电器的动作应具有选择功能。选择功能包括两点：①对故障点的判别能力，进行区域性的选择保护、缩小故障的影响面；②对故障性质的判别能力，如区别瞬时过流、短时过载等，然后采取不同的保护措施。

选择保护电器动作值应十分慎重。动作值选得太大，将失去安全保护的意义；动作值选得过低又会引起保护电器不必要的动作，影响电网的正常工作。因此，电网设计应确切掌握系统故障时各种参数变化的可能范围，合理地选择保护电器动作值的安全范围。

电网故障排除后，希望各级保护器械都能迅速恢复正常。不经常有人管理的保护器械应选用具有自恢复功能的保护设备。

电站是供电的源头，而电网是供电的路径，两者缺一不可，只有电站的完备齐全，没有系统的电网配置，无法施展出电站的作用来。船舶电网的设计理念与电网供电效果息息相关，决定了供电系统的稳定性和灵活性。在实际的供电过程中，船舶电网的输电路径和供电方式的选择很关键，它决定了船舶电网的整体协调性和质量优异性，也可以提升船舶电网的活力，延长其使用寿命。

（二）船舶电网设计的注意事项

在设计船舶电网时，需要注意其自身的使用寿命和可靠程度，可靠性和寿命主要是电网具备的一些功能，一是在输电路线和发电装置部分受损时，电网可以将供电性能发挥到极致；二是发电设备和输电线路处于瘫痪时，电网仍然可以提供源源不断的电量；三是电网发挥自身的控制作用，把电网系统损坏和部分瘫痪所造成的不良影响降到最低。因此，可以通过以下方法，增强电网的活力和控制力。

①选择可靠性较高的电网类型。

②重要负载由主配电板直接供电而不经分配电箱供电。

③特殊的多路径供电设备，是一种提供多线路的供电装置，这种装置可以为用电设备提供两个以上的电源装置，增强了电网的供电能力。

④按用电设备的重要性实行分级供电。一般的供电装置，把离供电电源近的配电板，当作主配电板，也是一级供电板，保证最快向重要的负载供电，其余依次编制等级。

⑤采用分段母线方式供电。

⑥电网安装和主干电缆布置上的保证措施。

电源设备和供电方式确定后，在分析研究国内外现有船舶电网特点的基础上，即可根据船舶布置总图和机舱布置图，着手设计绘制电力系统图以及各类系统图。

（三）船舶电力系统图绘制要求

电力系统图通常可分为一次系统图和二次系统图。一次系统图表示电源、主配电板与各分配电箱以及主配电板由主配电板直接供电的用电器之间的联系。二次系统图则表示分配电箱与各用电器之间的联系。无论是电力一次系统图还是二次系统图，在设计绘制时应确定以下几个方面。

①主发电机采用并联供电还是分区供电？哪些负载由主配电板供电？哪些负载由分配电箱供电？分配电箱的设置数量是多少？

②哪些负载由应急配电板供电？应急发电机电源开关和主发电机电源开关之间有联锁装置，如果考虑应急发电机兼作停泊发电机使用，应另设供电至主配电板的线路。

③哪些负载由蓄电池充放电板供电？有几组蓄电池？

④岸电是交流单相还是三相或是直流？连接到哪里？供电给哪些负载？

⑤以上这些供电系统之间的电气联系。

电力系统图应按下列要求设计绘制。

①电机、主配电板、应急配电板和各分电箱及各用电器的位置必须按所在甲板分层绘出。各分电箱应编号并注明其代号。分电箱的数目及安装位置是根据技术要求、安装条件、用电设备的性质和数量、使用的方便、经济指标以及用户的意见等来决定的。

②图中应注明发电机、变压器、蓄电池组和电力电子设备的主要额定参数，自动空气断路器和熔断器的型号和主要额定参数。

③主配电板和应急配电板引出的所有电缆均要逐根编号，并注明其型号、芯数以及每根电缆的截面积、用电设备的额定电流和保护电器的额定值。

④图上各图形均应标明相应的电气设备文字代号，且各张图中同一设备的代号、编号均要一致。

⑤图中应有材料栏，说明各代号所表示的设备名称、数量、型号及规格。

第三章 船舶配电装置与照明系统

船舶电网对供电设备的配备要求很高，必须准确地安置分送和接收的设备，将电能及时输送给用电设备，电网配备中的发电装置的保护和调节工作，也需要配电设备的参与。船舶配电装置包括基本开关部件、母线及相关附加线、设备装置的保护以及一些辅助装备，它是集分发电量、传输电量、调节电量为一体的供电装置。

本章主要论述船舶配电装置、船舶照明系统的主要类型及特征、船舶常用灯具及光源、船舶照明系统控制线路与维护保养，重点在于掌握船舶配电装置常用电器、保护电器的工作原理。

第一节 船舶配电装置解读

一、配电装置概述

（一）配电装置的类型

船舶配电装置按其用途不同可分为下列类型。

①主配电板。主配电板的功能在于发送电量和调节电流。主配电板可以合理配置电流量，保障全船的正常用电。这种配电板是具备分配电量和调节电流双功能的整合配电板。

②应急配电板。应急配电板是应急电源的下游装置，主要功能是监控应急电流。在船体遇到紧急情况时，应急配电板可以为全船人员和船体自身的用电提供保证，确保正常的电负载供应。

③停泊配电板。停泊配电板用来控制和监视停泊发电机的工作，并对停泊状态下的负载进行配电。

④分配电板、区配电板。这两种配电板是二级配电板，包括控制装备和开关装备，是典型的组合装置。

⑤充放电板。充放电板有控制充电和释放电量的功能，通过观察充电电源的工作情况和调节蓄电池组的运作状态，合理地将电量源源不断地输送给全船的低压装置。

⑥驾驶室集控板。驾驶室集控板设在驾驶室内，作用是协调许多用电设备之间的工作，这些设备包括信号灯、指示器、照明灯、广播、航行照明、声力电话、自动电话、火警报警、风油切断按钮、全员集中按钮、遥控指示板、遥控按钮等。

⑦电工试验板。电工试验板装于电工间，接有全船各种电源，供电工检修试验电气设备使用。

⑧岸电箱。岸电箱在船舶停靠码头时接岸电使用。

⑨分电箱。分电箱是向成组的用电设备进行配电的。分电箱按用途又可分为电力分电箱、照明分电箱、应急照明分电箱、低压照明分电箱、低压分电箱、无线电分电箱、助航分电箱、船内通信分电箱、航行灯控制箱、信号灯控制箱、闪光灯控制箱、舵机控制箱、锚机控制箱、空调控制箱、组合电动机启动器等。

（三）配电装置的要求

（1）工作条件的要求

在技术方面，要求配电装置的工作程序，必须满足正常的供电需要。

（2）配电装置防护的要求

船舶上的配电设备有结构性的要求，装置的结构类型包括防水式、防漏式、保护式，一般情况下，保护式多见于主配电板和应急配电板中。

（3）配电装置结构的要求

配电板的装置结构，采用固定式面板、垂直式面板和自动式面板三种。全封闭式配电板多见于分发电板和划区电板中；前蔽样式的配电板主要采用遮蔽电路器件的样式，这种配电板，在主配电板和应急配电板上很常见。开启式的配电板的电压一般都比 55V 低。

船舶配电设备以箱式样式为主，采用 2mm 厚的钢板制成，箱结构中有开关结构、遥控结构、信号指示设备、维护设备以及电气检测表盘等。为了保证船员的人身安全，配电板上需要配备有固定的绝缘把手，把手可以保护船员，防止因为触电而受伤。当配电板处于开启状态时，设置在配电板后的把手应该保持水平状态，便于在配电板出现故障后及时进行维修。盘面上的小装置有开关装置、仪表盘和指示器，这些装置的安装必须显而易见；底座上应该安置控制装置、调节设备和开关按钮；盘面的整体操作手柄有固定位置，必须突出板面的弧度范围，使手柄的操作可以灵活多样。船舶配电装置的结构性要求很高，在装置安装方面必须做到安装和拆卸的灵活多变，在结构强度方面必须保持底板、盖板和平板面的高强度性，以确保在破坏状态下，配电装置可以保持原形。

一般情况下，配电板的紧固装置，必须符合防腐性，应该采用一些抗腐蚀的材质和抗腐蚀性的含碳钢材，具备导电性能的螺钉要以铜质为主材料。

（4）汇流排的要求

在一些配电板中，含有汇流排，一般情况下，这类汇流排的制作材料是紫铜，在主配电板和应急配电板中的汇流排的连接件，必须具备抗腐蚀性，同时也要满足坚硬稳定性，在遇到短路问题时可以释放强劲的推动力。

在满载电流时，汇流排的截面积很特别，必须使通过的电流温度，控制在一定程度，将汇流排的最高温升维持在45℃左右。

在电气绝缘方面，主配电板和应急配电板中的裸主汇流排应具有最小电气间隙和最小爬电距离。汇流排的颜色、相序、极性及安装的相互位置应符合相关规定。

（5）试验的要求

配电板在安装以前，必须通过下列试验：对于60～500V系统的开关和控制电器进行耐压试验，在为了试验而连接在一起的载流部件与地之间，不同极性的载流部件之间，施加交流（1000V＋$2U_N$）电压、频率为25～100Hz，历时1min。对于60V以下的系统，应进行500V的耐压试验，历时1min耐压试验后，立即用不低于500V的直流电压测量绝缘电阻。为试验而连接在一起的载流部件与地之间，不同极性载流部件之间的绝缘电阻不得低于1MΩ。

二、船舶配电板解读

（一）主配电板

主配电板在全船的电力枢纽中，居于关键位置，控制着船舶的整体运作，它的作用是合理调节电力设备的发电工作和输电工作，灵活地掌控和保护设备仪器。主配电板起着有效监测的效果。一般来讲，主配电板包括电力设备启动器、控制显示器、承重屏和汇流排设备。

主配电板的安置以船舶系统图为基础，目的是方便其操控船舶的整体电力系统。根据船舶上现有的电力配备装置，这种主配电板的构成涉及操控屏、并车屏和承重屏，通过汇流排的作用，三种屏串联起来，形成了完整的配电板结构，屏的数量与船舶发电设备的大小和形状有关，汇流排在整个主配电板上发挥着重要的作用。

根据已经配置好的船舶电力图，在选定了发电装置后，便能够开启主配电板的设计工作，这种工作分为绘制原理图和绘制布置图两步。

原理图的绘制，要遵循汇流排和对应发电设备的连接路径、照明系统的合理安置路径、发动机整体效果的实现路径、所有的主发电机与应急发电机之间的连接路径、主发电机中的开关按钮和控制按钮的连接路径、并车操作和磁压调节路径等。图上应注明接线编号。

在主配电板布置图上，应绘出整个主配电板的正视图及侧视图，整个主配电板的骨架、面板及盖板、灯罩、开关构架、安装开关的胶木板座等。图上应注出各电器的安装位置。具体安装开孔尺寸可根据需要绘制。

主配电板原理图和布置图上应有材料表，详细列出各电气元件的代号、名称、型号、规格及数量。

1. 主配电板结构形式

根据船舶舱室安装布置的要求、监视操作方式，主配电板结构形式有以下几种。

（1）钢琴式

钢琴式的主配电板，在板的最上部、中部以及下部都会安装设备，位于上部的是信号报警器，位于中部的是仪表检测器，位于下部的是大型开关装置，这种类型的控制板可以节省空间，提高有效性，符合人机的设计理念。钢琴式的控制板，多见于发电机板和并车板中，很少会出现在配电板中。

（2）直立式

在所有的配电板中，直立式配电板很普遍，它的存在样式灵活，结构完整，以分屏形式呈现出来。在只有三种屏时，配电屏分列两边，发电机操作屏和并车屏居于中间。在这种类型中，主配电板屏包括上面板和下面板，上面板主要安置开关转换按钮和仪表测量器，下面板主要安置调压装置、发电开关装置、承重配电开关装置以及励磁设备。此类主配电板的功能是控制、检测以及保护维修，因此对空间的宽敞性有一定的要求。现在，主配电板上的开关装置有了断路的功能，以抽屉形式存在于配电板上，减少了对配电板前后的维护程序，更为方便的是，将配电板改成全封闭样式，只需保护板的正面即可。这样的设计思路是从维持配电板的封闭功能出发的，目的是减少对板的维修工作，拓宽板的使用空间。

直立式配电板只能站立操作。配电板的中部设有绝缘把手，目的是保护船员，以免人们在船只的摇晃中，因缺少依靠而受伤。配电板屏的总控开关必须安置在易于操作的位置，不宜太高也不宜太低。配电板的检测仪表的高度，应该与人的眉毛齐平，方便船员检测船体状态。这种直立式配电板有自身的缺陷，板的下部的空间没有利用起来，仪表的后部位置也失去了可利用性。

（3）台式

台式的控制板，包括开关和按钮等远程操控器件，这种控制板具有极强的自动性，在其自动化的运行模式下，大电流的电器和控制器，与发电机组和并车机组相互独立运作，互不影响。

（4）操纵台式

操纵台式的控制板很常见，它的自动化效果很明显，与主机操纵台的关系很密切。在这种控制板上经常会出现信号报警器，且信号报警器的安置位置很固定，仪表检测器安置在上板面，而安装操纵器则安置在台面，船员保持坐姿进行操纵。

以主配电板的设计原理为依据，船舶的主配电板起着操控的作用。从主配电板上的屏自身具备的功能来划分，主配电屏包括配电屏、控制屏、启动屏和并车屏。汇流排在主配电板上浑然一体，分列有致，划段分明，依靠连接开关间接串联起来。主配电板上的发动机组和承重负载，通过母线间接地联系起来，或者通过母线分区串联用电，或者通过母线分段串联用电，两者的并联方式，有助于更好地检测主配电板上的供电设备。

2. 主配电板的原理图

主配电板原理图反映的是电站发、配电系统的各个控制线路细节。整个系统既可以被绘制成一张大幅面的线路图，也可以被分成若干分系统绘制成一本图册。

交流主配电板原理图通常包括以下几部分。

①发电机控制电路。发电机控制电路包括发电机的主控制开关、发电机的保护（包括发电机短路、过载保护、需并联运行的逆功率保护、分级卸载保护）、发电机的励磁控制与调节、发电机组同步并车或自动并车装置以及测量仪表等线路。

②发电机并车电路。发电机并车电路包括分段母线的隔离开关、手动及自动并车控制电路检查和测量仪表、转换开关、调速开关和合闸按钮等连接线路。

③配电原理电路。配电原理电路包括控制负载供电的自动开关以及测量、报警装置等接线原理电路。为方便接线，往往设计成动力负载和照明负载两部分。

为了便于集中控制，有的船舶将重要辅机电动机的启动装置集中布置在主配电板上，形成了组合启动器配电部分。各个辅机电动机的启动设备，如接触器、启动按钮、指示灯等都是独立的。

不同用途、不同吨位的船舶，其电站的配备是不同的。因此船舶主配电板接线原理图也不一致。但它们都是由一些基本环节所组成的，这些基本环节通常包括汇流排及其分断开关，发电机控制和保护环节，发电机调压装置，发电机并车装置，调频调载装置，自动卸载装置，发电机及电网参数的测量环节，发电机故障报警环节，主发电机、应急发电机及岸电之间的电气联锁环节等。

3. 主配电板的布置图

设计主配电板的结构，要以主配电板的原理图的设备选型和其中的一系列接线原理为基础，在主配电板上或者设备内部，将测量仪表、主开关、配电开关、并车装置、调频调载装置、卸载装置、控制电器及保护电器等一系列设备，进行合理的布置，从而达到对电站运行情况的有效监视、调整控制和操作管理，这是主配电板布置图在设计方面的主要任务。

4. 船舶电站设备布置

（1）一般要求

①主配电板及发电机组的布置应尽可能靠近电力设备较集中的区域，以节约电缆。

②主配电板的前后应留有足够宽的通道。其前面通道的宽度应为 0.8m，后面通道的宽度应至少为 0.6m。当主配电板长度超过 4m 时，主配电板后面通道的两端均应设门。为保证人身安全，主配电板前后均应铺有防滑和耐油的绝缘地毯或经绝缘处理的木格栅。

③主配电板的后面和上方不应设有水、油及蒸汽管、油柜以及其他液体容器。若不能避免时，则应有可靠的防护措施。

（2）主配电板的布置类型

目前船舶电站主配电板的布置大体有以下几种类型：①主配电板与发电机组同舱布置；②主配电板设置在专用的电站控制室内；③电站主配电板布置在主机集控室中。

（二）其他配电板

1. 应急配电板

作为控制和监视应急电源工作的应急配电网，能够通过应急电网将应急发电机发出的电能，向全船发送应急负载供电。由于单机运行的应急发电机，不需要并车和逆功率保护装置，因此应急配电板的组成部分，一般包括应急发电机控制屏和应急负载屏。这些设备和应急发电机安装在同一舱室，所安装的仪表和电器与之前的主配电板一样。

带有电动操作机构的自动开关，连接着应急配电板与主配电板，因此可以在应急发电机中使用自启装置。我们可以在控制屏盘面上看见应急电源投入控制方式（自动 / 试验）、选择开关和发动机组控制方式（自动 / 就地）、选择开关。进入自动控制模式后，若遇到主电网失去电源的情况，自动应急控制系统将会自动启动应急发电机装置，从而建立稳定的电压，向应急电网输送电源，直到主发电机供电为止。这种连接连锁反应，是通过自动空气开关的失压脱扣器，将时常闭合的触点连接到另外的回路中进行的。

2. 区域配电板、分配电板

作为配电装置，区域配电板、分配电板的主要作用是再分配主配电板负载屏输送的电能。这与主配电板中的负载屏的功能很像，但是与此相比，其作为配电设备，容量较小，并且没有设立绝缘的监视设备。

区域配电板、分配电板内，一般装有分路开关、电器仪表、指示灯和熔断器等，若配电负载是电动机类负载，则配电回路常有接触器启动控制器件（接触器、热继电器、按钮）。

分配电板按配电负载性质不同，可以分为动力、照明、无线电助航、通信等不同类型的分配电板。其分配电板内部组成有所不同。按配电板在电网中所处的位置，其继电保护的侧重点也会有所差异。

3. 应急蓄电池充放电板

应急蓄电池充放电板是对蓄电池组充电、放电以及控制、监视和保护的装置，并具有对负载的配电功能。

应急蓄电池充放电板上主要设有电源开关、保护熔断器、指示灯、电压表、电流表以及充、放电转换开关等。作为船舶小应急电源，充放电板上还设有能在主电网失电情况下自动接通应急负载的控制电路。通常应急蓄电池充放电板由充电部分和放电部分组成。

4. 船用蓄电池应急电源

船用蓄电池是可靠的应急电源，如果应急电源是发电机组，则必须有蓄电池作临时应急电源。蓄电池是一种可以充电并反复使用的电源。蓄电池在船上主要用作应急照明电源、应急柴油发电机组，救生艇柴油机的启动电源、无线电台应急电源，也可作为船内通信设备。

5. 船舶的岸电箱

船在停泊或厂修时，为能使岸上或其他外来电源引入到船舶电网，船上均装有岸电箱，由岸电箱将岸上来的电能送到应急配电板和主配电板内，再向下进行分配。岸电箱应能满足接岸电时的各项要求。

（三）分配电箱

为了减少主配电板上的开关设备和节省主馈电缆，同时为了对用电设备进行分区控制，除了必须由主配电板直接供电的一部分比较重要的用电设备及大容量设备外，其余大量用电设备均通过分配电箱进行供电。分配电箱设置原则有以下几点。

①为便于控制管理，可将船上同一系统或同时投入工作的多个用电设备设置一个分配电箱。

②安装位置相近的各个用电设备往往可单独设置一个分配电箱，尤其对于远离主配电板的非重要用电设备常按此原则考虑。

③每一分配电箱的供电点数不宜太多，以防止因该线路故障导致很多设备停电。

三、船舶配电装置常用电器

船舶的电力系统一般是低压系统。在 1200V 交流电路中，以及 1500V 直流电路中，电气设备会起到控制、通断、调节和保护电力系统的作用，用电装备，会对非电量装置及非电量过程进行保护、控制以及调节，这就是低压电器的作用。

针对船舶电力系统，通常把具有开关功能的电器称为开关电器；把具有保护功能的电器称为保护电器。

（一）电器的选择准则

不同电器的选择条件和载流部分的选择条件，并不完全相同，但是对这两者的要求却是相同的。配电装置安全可靠地进行工作的前提，是所选择的电器能够按照要求正常工作，同时按照短路的具体情形，来对动稳定和热稳定进行校验。

这里所说的正常工作的条件，指的是额定电压和额定电流。

1. 额定电压和额定电流

用电设备正常工作时的电压称为额定电压。电器不可以长期处在超过额定电压 15% 的电压下工作。电缆和电器在生产制造时，厂家就已对其正常的电压，以及最大的工作电压进行了额定。在对电器进行安装时，要注意安置点的电网额定电压，必须要小于电器厂商所标明的额定电压。

用电设备在额定电压下，按额定功率运行时的电流称为额定电流。电气设备额定电流可理解为在额定环境条件（环境温度、日照、海拔、安装条件等）下，电气设备长期连续工作时的允许电流。

连续电流会受到电器所在环境温度的很大影响。目前，我国大部分电器会将40℃或45℃设计为周围介质的计算温度。若电器周围的温度高于45℃，会因温度过高，而缩短电器绝缘设备的使用寿命，所以，需要按规定校正电器的连续允许电流。

2. 短路电流热稳定校验

对于正常电流来说，短路电流会超过其数倍，所以尽管电流通过的时间非常短，但是温度的上升速度却非常快。发生短路时，导体的最高温度必须低于此类导体的容许发热温度。若这个条件能被满足，那么可将短路的电流视为热稳定。

3. 电器电动力稳定校验

当有电流通过配电装置电器的载流部分时，机械力对其产生作用，当正常的工作电流通过载流部分时，所产生的机械力较小。但是当这个电器出现短路或有短路中的电流最大值通过时，电流的平方同电动力是成正比的，机械力数值会很高，会导致电器的结构被破坏，为该设备提供支持的绝缘子等相关的元器件会被损坏，因此电气设备需要对因短路引起的机械应力有足够的承受能力，也就是需要具备足够的电动力稳定度，这样才能保持正常的工作状态。电动力稳定校验，指的就是对电器承受短路电流所形成的机械效应的承受能力。电器的电动稳定性可以用电器被容许的短路电流的最大幅值来表示。在检验的过程中，可将短路所产生的冲击电流，同电器制造厂商所规定的最大允许电流进行比较。

（二）船用空气断路器

船舶上使用的空气断路器，在电力系统正常运转的情况下，用来断开或接通主电路的开关，因此空气断路器也称为空气开关或者自动开关。若电力系统的运行出现故障，空气断路器可以对主电路实施保护，比如可以在电力系统出现短路、过载等情况下，自动将电路断开。因此船用空气断路器不仅可作为开类的电器，同时还可以作为一种起到保护功能的电器。对于船舶上所使用的发电机来说，采用的大多是框架式的主开关，而对于配电开关来讲，主要采用的是装置式的开关。

空气断路器一般包括触头系统、灭弧室、自由脱扣机构、失压脱扣器、分励脱扣器、过流脱扣器、锁扣装置。

（三）船用的其他开关

1. 塑壳式自动开关

塑壳式自动开关的型号主要包括 TG、DZ10、TO、TH 等系列，容量的最大值被额定为 100A。塑壳式自动开关也同样具备失压、短路以及过载保护等相关功能。设置于主、辅配电板上的配电开关，使用的都是此类开关。在分断和接通并不频繁的电路上，可使用这种开关，并且配备有短路以及过载的相关保护装置，电器、电缆以及电机都会因此而得到保护。

塑壳式自动开关的组成设备主要包括六个部分：一是复式脱扣器；二是电磁脱扣器；三是热脱扣器；四是分励脱扣器；五是失压脱扣器；六是辅助开关。

选择开关的标准，是开关在正常运行的状态下，所产生的电流值和电压。塑壳式自动开关的过载动作电流，一般为额定电流的 1.2 倍。短路保护动作的电流，一般为设备启动电流的 1.25 倍。

如果自动开关仅仅需要在短路时产生保护作用，那么可以使用仅带电磁脱扣器的自动开关。动作时间可以被看作是瞬时的。船舶上有一些特殊的负载，只能设置用于短路的设备，所以此类开关只能安装电磁脱扣器。

应当将失压脱扣器与分励脱扣器结合起来加以使用。因为分励脱扣器接通电源时，衔铁会发生动作，自动开关会因为脱扣而实现分闸；失压脱扣器的衔铁，只有在断电的状态下才会发生动作，自动开关会因为脱扣而实现分闸。比如船舶某区域起火，为防止触电，通过信号驱动分励脱扣器动作，切断此区域供电回路，以免在救援过程中因触电造成二次伤害；而失压脱扣器主要是为防止供电系统失电后因突然来电引起设备自启动或其供电回路突然得电对人身及设备造成的伤害。

对自动开关实施合闸，可采取三种方式：一是手动合闸；二是电动机式的遥控合闸；三是电磁式的遥控合闸。

2. 万能式转换开关

万能式转换开关主要用来作为测量仪表的转换开关和伺服电机的调速开关，有时也用于控制电路的转换。万能式转换开关是由一连串叠装元件组合而成的旋转式开关，最多可装叠 16 节。这种转换开关可以根据各种需要对电路进行复杂多变的换接，故取名为万能式转换开关，亦称多路多极开关。万能式转换开关是一种多触头多位置式可以控制多个电气回路通断状态的主令开关。它的触头额定电流在 15A 以下，常见的船用万能转换开关有 LW-92 型、LW-95 型和 LW-96 型等系列。作为不适于频繁操作的手动电器，万能转换开关一般用于各种电气装置的远距离控制和电气测量，如作为电压表、电流表的换相开关。

3. 船用的组合开关

组合开关有双极、三极和四极三种，操作为左右旋转式，转换为 2 ～ 4 位；触头容量较小，额定电流在 60A 以内；外壳有普通型和水密式两种；型号有 HZ910 系列等。

组合开关没有自动开关的各种保护功能及脱扣机构，它与熔断器配合，在电力系统中主要用于需要两位或三位电路转换的场合，作为电源转换开关；或在分电箱中作为分路开关，接通和断开电路的负载。目前这种开关有被小型自动开关代替的趋势。

（四）船用互感器

电流互感器和电压互感器合称为互感器。就其基本结构和原理来说，互感器就是一种特殊变压器。互感器的主要用途如下。①用来使仪表、继电器与主电路绝缘。这样可避免主电路的高压直接引入仪表、继电器，又可避免仪表、继电器的故障影响主电路，提高了主电路和测量电路工作的安全性和可靠性。②用来扩大仪表、继电器的使用范围。例如，一只电流表通过电流互感器就可以测量任意大小的电流；同样，一只电压表通过电压互感器就可以测量任意高的电压。另外，采用互感器可以使二次仪表、继电器的规格统一，产品标准化，有利于大规模生产。

1. 电流互感器

电流互感器的一次线圈匝数比较少，它的导线非常粗，但是二次线圈匝数很多，导线很细。在电流互感器启动时，一次线圈串联在供电系统的一次回路中，但是二次线圈会和仪表等电流线圈串联起来，从而构成一个闭合回路。

在电流互感器的使用中要注意以下几点。

①电流互感器的二次侧在工作时不得开路。开路将产生严重后果：a. 铁芯由于磁通剧增而过热，并产生剩磁，降低准确度；b. 二次线圈可感应危险的高电势，危及人身和设备的安全。所以电流互感器二次侧工作时绝对不允许开路；安装时，二次侧接线一定要牢靠和良好接触，且不允许接熔断器。

②电流互感器的二次侧有一端必须接地。这样做的目的是防止其一、二次线圈绝缘击穿时，一次侧的高压窜入二次侧，危及人身和设备安全。

③电流互感器在连接时，要注意一、二次线圈端子上的极性。a. 电流互

感器的二次侧在工作时不得开路；b. 电流互感器的二次侧有一端必须接地；c. 电流互感器在连接时，要注意一、二次线圈端子上的极性；d. 为了保证精度，副边所接负载不应超出其额定容量；e. 电流互感器应按一次电流、二次电流（一般为 5A、10A）和精确度级别等条件进行选择使用。

2. 电压互感器

电压互感器的一次线圈匝数很多，但是二次线圈的匝数较少。当电压互感器启动时，一次线圈并联在供电系统的一次电路中，二次线圈则并联仪表和继电器等电压线圈。因为这些电压线圈阻碍电流通过的能力较大，所以电压互感器在工作的过程中，其二次线圈几乎处于空载状态。

四、船用保护电器

（一）逆功率继电器

从功率上来看，逆功率继电器是船用保护电器的元件之一，它能够对同步发电机的有功功率方向进行辨别，一旦同步发电机出现逆功率，通过逆功率电器一定时间延长后的动作，然后把发电机由电网上切除。

因为线圈输入的电压、电流和相位是逆功率继电器反映功率数值的决定因素，所以继电器电压和电流这两个线圈的极性，必须要连接无误，要不然可能会导致误动作。GG-21 型逆功率继电器，一般是按照 30° 接线方法来接线的。30° 接线方法指当负载的功率因数为 1 时，其加到继电器上的电流和电压之间的相角差正好为 30° 。

继电器上配备了调整逆功率动作值的插座，这是一种靠改变电流线圈的匝数来工作的插座，它可以在 8% ～ 15% 的额定功率时起到调整的作用。除此之外，还有一只挡块，它的功用是通过改变自身的位置来改变触头的方向，从而达到整定延长时间的目的，它能够在 2 ～ 12s 内对延长时间进行整定。

把线连接后需要进一步的检查，检查接线是不是按照 30° 的方式，还要注意互感器的同名端。当发电机启动，向系统不断地输送功率时，继电器应该无动作。如果发电机发生了逆功率，这时继电器应该动作，然后使发电机跳闸，断掉发电机电源，这是逆功率继电器接线正确的表现。倘若是在正功率时，如果逆功率继电器动作，就是线接反了，这时只需把电压线圈的两端交换。如果动作灵敏度相差很大，可以通过调换线电压等方式进行调整。

（二）负序继电器

当岸电供电是船舶交流电网的供电源时，一旦供电线路出现错误，就会导致全部的交流电动机单相运行或电动机反转，为了避免此类情况发生，一般会设置负序继电器对其进行保护。负序继电器的基本原理是利用非全相运行或相序错误时出现的逆序分量作用于继电器，使其控制岸电的自动开关的失压脱扣器断电动作，达到自动开关跳闸的目的，从而保护了船上的电动机，避免电动机的单相运行或反转。

在三相电路是对称电路的情况下，线电压中没有零序电压分量，当负序继电器输入端经变压器与三相电压连接时，只需要解决如何不让正序电压通过的问题。在同一臂上的电容电压滞后于电阻电压 90°，每臂上电阻和电容电压降的向量和与外加电压相等。

（三）熔断器

熔断器就是保险丝，它的主要作用是保护电网的短路和防止持续过载。它的工作原理是把金属熔片和电路串联起来，一旦电路过载或短路，熔片就会发热熔化，从而断开电路，达到保护电网和用电设备的目的。

熔断器具有价格便宜、结构简单、使用方便、尺寸小的特点，所以它在防止过载和短路中十分常用。但是在装有熔断器的线路中，需要同时加装刀形开关或组口开关，用于接通或断开电路。由于熔断器的断流能力较小，所以只适用于保护小功率的设备。

五、电气测量仪表

电气测量仪表的主要功能是测量电站参数和监视电网的运行状况。电气测量仪表应该根据配电原理图按仪表用途和安装条件及相应的规范配备，所选择的测量仪表精度等级应不低于 2.5 级。

因为使用环境条件和要求与陆地上有差异，所以船用电气测量仪表必须能抗冲击、抗颠震，还应具有抗溅性良好、指针偏转角度可达 230° 等特点。

第二节 船舶照明系统的主要类型及特征

船舶航行、船舶管理、工作人员生活，都离不开船舶照明。船舶照明一般包括人员安全照明、船舶工作场所照明和生活区域照明等。

一、船舶照明系统分类

船舶与陆地的照明系统不一样，船舶照明通常有主照明、应急照明、临时应急照明和航行灯、信号灯照明等。

船舶照明按照其功能可分为以下几种。①室内照明：舱室主体照明，局部辅助照明，娱乐美化气氛照明。②室外照明：室外通道照明，室外工作照明（甲板照明）。③探照灯和投光灯。④航行灯、信号灯。

船舶照明也可按供电方式分为正常照明（船舶主电源供电）和应急照明（应急电源供电），其中应急照明供电又可分为应急发电机供电和蓄电池组供电。

照明系统的设计应依据《钢质海船入级规范》有关照明及航行信号的要求及《国际海上人命安全公约》和《国际海上避碰规则》等的有关条款进行，对不同国籍和航区还必须参考相应的地区规范、规则的要求。

二、船舶照明系统特点

（1）照明系统（正常照明系统）

船舶照明系统，即正常照明系统，它主要位于船舶上的生活和工作区域，作用是为各舱室和工作场所提供足够的亮度，它具有分配供电、电压固定、根据要求调整亮度的特点。

主照明是全船的主体照明，主要是由船舶主发电机供电，船舶上所有的生活和工作区域都应该照亮。主照明主要包括船舶舱室的主照明（例如顶灯的大部分）、局部辅助照明、装卸货的强光照明、室内外走道半数以上的照明、以及舱室的插座等。

（2）应急照明系统（大应急照明系统）

应急照明用于主电网发生故障时。应急照明由应急配电板经应急照明分电箱供电，其电压既能够和正常照明相同，也能够用低压电。

船舶应急照明系统，主要分布于机舱内的重要处所、船员和旅客舱室、艇甲板和各人员通道。应急照明系统能够在主照明系统损坏时进行照明，其工作特点是发电机通过应急配电板供电。对于客船来说，应急电源的供电时间应该在 36h 以上；对于货船来说，应急电源供电时间通常应该在 18h 以上。

（3）临时应急照明系统（小应急照明系统）

如果主照明和应急照明系统都发生了故障，这时就会用到临时应急照明系统。临时应急照明灯较少，并且对其亮度没有要求，其灯上具有红漆标志。临时应急照明系统主要分布于驾驶台、船舶重要通道、扶梯口和机舱内的重要处所。

一般来说，有应急照明系统的船舶不设置临时应急照明系统，但是对客船和应急发电机自动启动不能满足规范要求的货船，仍需要设置临时应急照明系统，这是为了保证正常与应急电源转换时的照明，从而保证船舶和旅客安全。

临时应急照明和应急照明布置的位置基本一样，但是不同的是，临时应急照明只有在主照明和应急照明均发生故障时才会照亮。

（4）航行灯与信号灯系统

①航行灯。航行灯不同于其他照明系统，它是独立存在的。航行类系统是保证船舶夜间安全航行的重要照明系统。不管什么时候，航行灯必须是明亮的，它表明了船舶所在位置、航向、类型、有无拖船或其他状态，从而减小海损事故发生的概率，减少意外的发生。

②信号灯。信号灯是船舶在特殊情况下的特殊标志。信号灯通常是由驾驶台控制的，它要求两路供电。信号灯有很多种，由于一些国家的港口通道很窄，所以信号灯一般被安装在驾驶台顶的信号桅和雷达桅上。

第三节 船舶常用灯具及光源

一、船舶常用灯具

（一）基本类型

船舶上的灯具一般都有机械防护的功能，所以相对来说这些灯具是比较安全的。由于场合有异，所以船舶灯具的结构也不一样，主要分为以下几种。

①防护型灯具。防护型灯具一般适用于较为干燥的舱室，例如居住舱、休息室、餐厅等，其防护等级为 IP2x。

②防潮型灯具。防潮型灯具具有较好的防潮功能，所以适用于厨房、洗衣间等地方，其防护等级为 IP3x ～ IP4x。比防潮型防水效果更好的，是防水型灯具，它多使用于有水滴或凝水的地方，如干货舱、轴隧、管弄、露天甲板等，其防护等级为 IP5x ～ IP6x。

③防爆型灯具。防爆型灯具主要适用于容易积聚易燃、易爆气体的地方，这种灯具的密封性很好，通常用于如蓄电池室、油漆储藏室、分油机室、舱底花铁板之下和油舱的第二类区域。

（二）照明属具

舱室的照明灯具开关应该安装在门的开启边上，对于两扇门的舱室使用双联开关。

油漆间、储藏室、消防设备控制舱室、蓄电池室等舱室的照明设备开关应该设置在室外；浴室和厕所等的照明开关也应该设置在门外；行李舱、粮库、邮件舱等处的照明开关，同样应该设置在门外，并在开关上设置指示灯。

设置插座时应着重注意以下地点：餐厅和厨房；居住舱的冰箱、台灯周围；有机器的工作舱室；配电板等大型控制设备周围；测探仪、计程仪舱、轴隧等地；走道也要在适当的地方安装一定数量插座，且插座的结构选择，应该根据不同电压等级的插头确定。

（三）特殊要求

对于油船的危险区，应该固定安装增安、防爆、正压、空气驱动型的照明灯具；而且对于此类照明灯具，其开关应该具备断开所有绝缘极的功能；同时，应该将开关设置在安全地带。

对于油船的危险区内配备的可携式照明设备，应该使用增安、防爆、空气驱动型且具有独立蓄电池的照明灯具，而不能使用电缆供电的灯具。

对于货泵舱等距离油舱较近的舱室，照明应该固定在甲板、舱壁的玻璃窗，至于照明所用的灯具和配线，应该将其固定安装在非危险地区。

对于那些暴露在甲板上或者危险地区的插座，需要使用带联锁装置，让开关接通后无法插拔插头。

二、船舶照明光源

（一）热辐射光源

1. 白炽灯

白炽灯不仅大面积应用在船舶的基本照明中，船舶的应急灯、便携灯以及航行灯、信号灯还有大部分控制系统指示灯也采用白炽灯。螺口灯头可以使导电接触面积扩大，因而大功率白炽灯多为螺口，而航行灯一般采用插口灯头。为了增强白炽灯的耐潮性和耐振性以及机械强度，船用白炽灯会采用更粗的灯丝。

电压的升高，会影响白炽灯的寿命，电压升高 5% 会缩短灯泡 25% 寿命；而电压的降低，会对光通量产生影响，降低 5% 时，会减少 18% 的光通量。

2. 卤钨灯

辅机平台、甲板和机舱上部，多采用卤钨灯，这些处所空间开阔，需要集中照明，因而对照明度的要求更高。卤钨灯的正常使用寿命可达 2000h，有着超越普通白炽灯两倍的发光效率。它的尺寸较小，工作温度高，有着更高的机械强度和耐压性。在安装时，除有些卤钨灯的倾斜角度会有特殊规定外，大部分卤钨灯都需要水平安装。导线应使用硅橡胶导线等耐高温的导线。

（二）气体放电光源

1. 荧光灯（日光灯）

荧光灯有多种启动方式，包括冷阴极瞬时启动、快速启动等。用于船舶的荧光灯，通常为以下两种启动方式：①手动启动，也称为按钮式启动，通常用于床头灯和台灯；启辉器启动，应用于舱顶灯、壁灯以及棚顶灯。启辉器可以提高瞬间启动的电压，有时会与镇流器一起使用。由镇流器来降低放电的工作电流，从而抑制荧光灯的负电压电流特性，使荧光灯工作稳定。荧光灯还会配备特殊的工作线路，来防止电磁干扰。荧光灯对电压稳定性的要求较高，过高或过低都会损害灯体，核定的电压波动范围为 ±10%。在规格和外观上，荧光灯有着多种样式，光式有三基色、暖色、冷色等。

2. 高压汞灯

高压汞灯在船舶上一般用于货舱口、主甲板和辅机平台等地，适用于开阔处所的大范围照明，一些露天的场地和大型厂房也经常会使用。

高压汞灯的工作气体，为压力较高（2～6 标准大气压）的汞蒸气，因而称作高压汞灯，主要由放电管和主、辅电极构成。放电管由石英玻璃制成，具有良好的耐高温性质，启动气体为氩气。电极需要具备一定的热电子发射能力，采用被碳酸锶、碳酸钡等热电子发射材料浸渍的钨丝制成，辅助电极用于热启动。

高压汞灯的缺点是光色较差，随着替代品的出现，一些高压汞灯开始被淘汰。金属卤化物灯就是其主要替代品之一。

3. 金属卤化物灯

金属卤化物灯有 400～3500W 等不同规格，有着与高压汞灯相同的用途。两者不仅有着相似的外形结构，而且热启动工作线路和工作原理也基本相同。金属卤化物灯作为一种新型电光源，目前被船舶照明系统广泛采用。

金属卤化物灯的放电管中，也会充入汞和氩气，但汞蒸气只发挥辅助作用，其主要工作气体为金属卤化物气体，相比于汞蒸气，更容易被激发，有着更高的发光效率。有的金属卤化物灯对压力有很高要求，在大约 10000V 的高压中，才能进行冷启动。根据卤化物的品种和比例的不同，金属卤化物灯也会有不同的光色。

4. 高压钠灯

高压钠灯有着与高压汞灯相同的使用场所。其启动气体为氩气，为增强放电电抗，采用汞蒸气作为缓冲气体，这与冷启动的金属卤化物灯的结构形式相似。钠蒸气是主要工作气体，通过钠蒸气放电来激发钠化汞。钠蒸气的压力，会影响到钠灯的光色和发光效率。在高压状况下，发光效率会降低，呈现出金白色的接近日光的光色；在低压状态下，发光效率会升高，光色会更加偏黄（属低压钠灯）。

钠灯对于启动电压有着很高的要求，其启动电压要求为2000～2500V。钠灯为冷启动工作线路，需要8min左右的时间才能启动，用电子触发电路来控制，使用镇流器进行降压和限流。在点燃后，灯光两边的电压都比较低。如果突然熄灭，钠灯再次启动就要等待1min的冷却时间。

5. 氙灯及汞氙灯

氙灯适用于开阔场所的照明，如广场、机场、港口、车站等，被俗称为“小太阳”。氙灯的启动速度比金属蒸气放电灯（如钠灯）更快，通过氙气来放电，能够发出强光，属于一种惰性气体弧光放电灯。

汞氙灯即在氙灯管内充入一定数量的汞，有着不同的类型，如经常作为探照灯使用的短弧汞氙灯，以及大量用于海船的货舱和甲板照明的管形长弧汞氙灯。汞氙灯有着透光性好、启动速度快、稳定时间短、容易再启动等优点，并且有着更高的发光效率和更长的使用寿命，兼具氙灯和高压汞灯的优点。

（三）汞氙灯光源

1. 超高压氙灯

超高压氙灯一般作为探照灯使用，属于一种强电流弧光放电灯。它要求在点燃时垂直放置，管内气压很高，在使用交流电时一定要串联镇流器，并且需要安装触发装置来进行点燃。超高压氙灯所使用的氙气启动速度很快，发光效率高。点燃后，超高压氙灯在瞬间就可以达到80%的光输出，光色接近于日光。

2. 超高压汞氙灯

汞氙灯也同样需要安装触发器作为点燃装置。超高压汞氙灯是通过在氙灯中，充入高压汞制成的，一般作为工作舱面照明投光灯来使用，超高压汞氙灯的照射面更大、光效更高，而且它兼具氙灯的优点。

依据各种光源的不同特性，现代船舶的不同部分会采用与其相适应的光源。高压气体放电灯主要用于甲板面强光照明，而荧光灯主要用于各种舱室的主体照明。白炽灯除了台灯等局部照明以及壁灯等装饰性照明之外，也适用于冷库等日光灯难以启动的低温潮湿场所。这些场所的温度一般低于10℃，因而光通量会下降较多，选用白炽灯更为适宜。

第四节 船舶照明系统的控制线路与维护保养

一、船舶照明系统的控制线路

船舶照明系统的控制线路涉及照明网络的供电和控制。

（一）船舶照明系统的供电要求

一般照明用的电源，大多经过照明用电分电箱，由配电板分路供给。船舶上所有的照明灯如何对分路进行组合，如何布设分电箱，需要由多少个分电箱来提供电源，都需要按照基本的线路规则来布设。

1. 照明分路的供电要求

①所有照明分路都必须设置短路，以及过载保护措施；照明分电箱中16A以上容量的分路，最终接受供电的灯点不应多于1个；16A或16A以下容量的分路，最终接受供电的灯点数，需要根据电压的不同来确定。若电压为50V或50V以下，灯点应在10个以内，若电压为51～120V，灯点应在14个以内，若电压为121～250V，灯点应在24个以内。若照明用灯直接使用的是灯管或灯泡，并且属于嵌入式的反光照明，电流若在10A以内，灯点的数量可不受严格限制。

②电热设备以及电力设备，不能由照明的最后分路提供电源，但一些厨房使用的小型设备，比如烤面包机、电饭锅、冰箱可不受此限制。厨房中所使用的小型设备的供电需独立设置，不可同照明灯点混用同一条供电线路。若厨房小型设备数量不超过10个，并且电流总容量在16A以内，那么可以设置一个独立的电热分路，将这些小型电器全部接于这个独立的电热分路上。

③电风扇一般为独立分路，不与照明灯点混为一路。

④个别情况除外，插座一般应由独立分路供电。

⑤在船舶上的一些重要场所处，比如过道、舱室、出入口、机炉舱等，超过16人的公共场所，需要设置两个分路的供电设施。若有一路无法正常供电时，另一路可以为船舶提供正常的照明，而且这两个不同分路的灯点，采用交错式分布为佳。

⑥在船舶的走道处，以及机舱内应当设置独立的照明馈电线路，不能与其他的照明线路混用。应当在各个舱室的分电箱中，设置独立的分路为室外

的照明灯提供电源，并且加装继电器来进行控制，为驾驶台集中控制电源提供方便。

⑦为方便起见，同一个居住舱的所有照明灯的电源，可由一个分线盒来进行供电，若有一个灯出现损坏，并不会对其他灯点造成影响；但有时为了使供电质量得到保证，避免因线路出现故障而引发断电的情况，此类舱室中的一个照明灯点，也可能被拉出来单独进行照明馈电，将其中一路用于应急照明。

⑧每一防火区至少需有两路独立照明馈电，其中一路可为应急照明。

⑨在连接各灯点时，应当将各个分路所连接的灯点相对集中起来，不宜将线布设得过长，同一个照明分路不宜穿过二层甲板。

⑩对封闭式梯道等场所照明电源应为独立分路。

此外，大多数灯具为了保证安全，自带有接地极，所以在与电缆连接时，需要做好地线芯的连接。

2. 分电箱的供电要求

船舶照明不仅可以分路进行连接，而且可以使用分电箱加以划分。原因在于，除了小艇及小船外，船舶照明可以使用分电箱进行组合。

①每一照明分电箱最多不超过 12 路，线路设计时不应用足，要适当留有 1 路至 2 路作为备用。

②恒流分电箱为考虑三相平衡，电源通常为三相进线，分路单相出线，因此在考虑分路组合时，应力求做到三相平衡。

③上层建筑舱室照明分电箱通常以甲板划分，根据船舶大小、舱室分路多少决定分电箱个数。舱室照明分电箱一般放在电缆通道间，若无电缆通道间，可另选合适场所，甚至选用嵌入式分电箱嵌装在内走道的适当位置。

④应设独立分电箱，机舱照明分电箱一般设在机舱集控室内，机舱应急照明分电箱必须设在机舱外的适当处所。

⑤货舱照明应设独立分电箱，布置在起货机桅房或货舱之外的适当处所。其每一分路应在分电箱门上设有电源接通指示灯，但每一分路开关手柄不得外露，分电箱箱门应带锁。

⑥客船上如果风扇很多，可设独立分电箱。

照明属于涉及全船的设备，船舶的所有角落，几乎都有照明网络的分布。为了保证为照明灯提供正常的电源，使全船的灯具都能正常工作，电源的电压需要得到保证，照明线路的电压降需要在规定的范围之内，除了电源馈线之外，照明线路的常规电压为 110V 和 220V，在此规格下，需要选择截面积为 1mm² 的电缆；若电压为 24V，则需要选择截面积为 2.5mm² 的电缆。若电缆长度过长或线路的负载过大，线路的电压降容易超过额定的限度，导致照明的质量受到影响。

（二）船舶常用照明的控制线路

1. 单联开关控制

单联开关控制是通过单个的开关，来完成灯具的断开和接通的单联开关通常有两种：一种是单极开关控制；另一种是双极开关控制。单极开关可用于普通的场所，双极开关则用于有爆炸危险性或较为潮湿的场所。

2. 双联开关控制

双联开关控制指的是在两个不同的位置，都能对一盏灯进行控制。有两种接线方式能够实现双联开关控制：一种是将电源线布设进开关中；另一种是将电源线布设进灯具中。两个开关被布设在不同的位置，每个开关都能独立控制灯具的开与关。

3. 荧光灯控制线路

日常生活中所使用的荧光灯的线路，通常使用的都是单线圈镇流器。船舶上所使用的荧光灯，采用的是双线圈的镇流器，目的是让镇流器的启动性能得到改善，延长荧光灯管的使用寿命。

主线圈的匝数较多，电阻相应的就较大；副线圈的匝数较主线圈要少，其电阻要相对较小。主回路由主线圈负责串接，启辉器同副线圈进行串联后，安置于两个灯脚之间，副线圈的作用是启动荧光灯。启动的过程中，启动电流会在主线圈和副线圈产生磁通，这些磁通相互之间会被抵消，以减少铁芯的磁通，降低其阻抗，增大启动时的电流，提高灯丝的加热速度；启辉器一旦断开，主线圈会产生较大的感应电动势，将加快荧光灯被点燃的速度。在连接线路时注意，不能接错主线圈和副线圈，以免镇流器和荧光灯管被烧坏。

（三）船舶灯光信号设备的控制

船舶对外的灯光信号分为航行灯、信号灯和闪光灯。航行灯和信号灯又统称为号灯。

灯光信号是直接关系到船舶安全的可视信号，因此船舶灯光信号应严格遵照船舶有关的航行信号设备规范和有关的江、河、湖、海航行规则的要求设置，以使所设置的灯光能正确地对外表达船舶的位置、状况和动向。航行灯、信号灯不仅要在日落至日出期间点亮，而且在能见度不良或其他一切认为必要的情况下，同样要能点亮。

《国际海上避碰规则》对航行灯、信号灯的基本特性和安装位置等有着明确的规定。我国船舶检验机构也制定了相应的规则，例如海船号灯种类和特性。

船上通常设航行灯控制箱（板）和信号灯控制箱（板）分别控制航行灯和信号灯。

1. 航行灯的控制

规范要求每只航行灯应由航行灯控制箱引出独立分路供电，每个分路必须设开关、熔断器或断路器保护，而且每一路航行灯发生故障或控制箱电源发生故障时，均应有声、光报警，驾驶人员必须根据报警信号指示，立即转换电源或将灯转至备用灯组，并及时查找原因，消除故障，保证航行灯正常工作。

航行灯控制箱的电源应直接由主配电板和应急配电板二路供电或者由应急电源及临时应急电源二路供电，电源可自动转换或者手动转换，转换开关设在控制箱内。

航行灯控制箱面板一般都有船形模拟板，控制箱（板）一般都组装在驾控台或驾控板上。在船形模拟板上相对应的位置装有工作指示灯或者故障指示灯和转换开关。

2. 信号灯的控制

信号灯的控制要求与航行灯相类似，不同之处是信号灯控制箱（包括作业信号灯控制箱、领航灯控制箱、苏伊士运河信号灯、巴拿马运河操舵灯等专用信号灯控制箱）的总电源可由应急配电板和主配电板（非直接）供电，或者由应急配电板（可非直接）和临时应急电源供电。

信号灯控制箱同样可以组装在驾控台或驾控板上。信号灯模拟面板上工作指示灯的颜色应与实际灯罩颜色相同。

3. 闪光灯的控制

闪光灯有通信用闪光灯和油船过狭水道或内河转弯用闪光灯两种。通信用闪光灯由驾驶员按照统一规定用电键控制发出信号和回答信号；油船过狭水道或内河转弯用闪光灯由专用电路产生固定频率的灯光信号，同样也有继电接触（有触点）和可控硅（无触点）两种控制形式。

二、船舶照明系统的维护保养

（一）船舶照明系统的维护周期和要求

维护可携式灯具以及普通的照明设施时，需检查灯头的线路是否存在开断、老化的情况，检查线路的绝缘电阻是否正常；维护位于室外的灯具时，应当检查灯具是否存在锈蚀的情况以及灯具的水密性是否存在问题，若发现损坏必须及时进行更换。普通照明设施需要每半年进行一次彻底的检查，应急照明设施需要每月检测一次效能，绝缘电阻应每半年进行一次测量。

船舶每次启航之前，都应当对信号灯以及航行灯的电源、灯具以及各种故障报警设备进行详细检查。对于运河灯以及探照灯来说，每次使用之前，都应当对其开关是否正常、连接电缆是否完好、电源是否正常供电、灯具的水密性是否存在问题，以及绝缘电阻是否正常进行仔细地检查。

（二）船舶照明系统维护保养的注意事项

①尽量避免带电更换灯泡。更换的灯泡应与电源电压一致，功率不能超过灯具允许的容量。

②在检修某些特殊部位，例如辅锅炉内部、柴油机曲轴箱、压载舱、储水柜等地方时，需用临时照明时，必须使用带有安全网罩的 36V 以下的低压行灯。装卸易燃危险货物时，不可使用携带式货舱灯。

③应急照明灯具应涂以红漆标记，以示区别，经常检查灯泡是否良好，损坏的灯泡应及时更换。

④甲板、船桥等露天处所的投光灯具，开灯前应先脱去帆布，用完要及时将帆布罩妥。

⑤室外水密插座，通电前先检查插头螺母是否旋紧，取出插头前检查电源是否切断，用完后应旋紧防水盖。

⑥需要张挂彩灯时，要考虑到供电线路和开关的载流量，各相电流分配是否平衡，并要配备好保护装置。油船严禁张挂彩灯。

⑦每一个长航次或每一季度都要测量各路航行灯的绝缘电阻，若低于规定值（1MΩ），应及时找出原因，加以排除。

⑧每半年或更短些时间要检查航行灯的水密情况，特别是前、后桅灯。检查控制箱内部情况，检查各元件（特别是半导体元件），进行清洁吹灰，试验报警装置。

第四章　船舶发电机与电站保护

随着现代船舶吨位、电气化及自动化程度的提高，交流电站的容量日益增加。本章重点介绍船舶同步发电机和船舶轴带发电机的基础知识以及两种发电机运行的操作方法，重点分析运行及安全保护以及船舶电网绝缘监视系统及其他安全保护。①

第一节　船舶同步发电机及其运行

一、船舶同步发电机概述

为了增强供电的可靠性和经济性，船舶电站均配置了两台及以上的同步发电机组作为主电源，通过公用母线向全船负载供电，即发电机并联运行。

（一）同步发电机并联运行的术语

同步发电机的并联运行包括两个方面：一是投入并联的同步操作；二是并联运行时的功率分配。把并联运行着的发电机退出电网所进行的操作称为“解列”。

同步是同步发电机在完成加速过程后，与另一同步发电机或电源进入同步运行的一系列操作步骤，也有称为“同期”的。

同步，对一台发电机来说，是转子磁场的旋转速度与定子磁场的旋转速度严格一致；对并联在同一电网上运行的各台发电机来说，是各发电机的机端电压和频率严格相等，同时各发电机转子间的相对位移角不超过允许值。这也是发电机能够稳定运行的同步条件。待并发电机一般是不满足同步条件的，必须采取一定的措施使之同步才能完全可靠地投入电网。这一系列措施的完成称为整步。也就是说，整步是为了使发电机与电网同步所进行的操作。现在通常用“同步”或“同步操作”这个术语来代替“整步”。

“同步操作”是把发电机并入电网所进行的操作，也有用“同步并联操作”“并网操作”“并列操作”“同步并联”等术语的。

“并车”在交流发电机的并联运行上通常泛指“同步”或“并联运行”。

---

① 赵殿礼，张春来．船舶电站控制与管理技术［M］．大连：大连海事大学出版社，2009.

船舶电站中通常只有发电机的断路器有同步操作任务。有时其他断路器也需要进行同步操作，例如有两个电站的船舶，母线联络断路器也需要进行同步操作才能合闸。

同步点有两侧：一侧是运行着的电网，称为系统侧；另一侧是准备投入运行的发电机或母线，称为待并侧。

（二）同步发电机并联运行的特点

船舶同步发电机并联运行时具有下述一些特点（以两台发电机并联为例）。

①对于发电机来说，它的无功功率与有功功率，负载的无功功率和有功功率总是相等的。船舶上的电网容量是有一定限度的，同样发电机的容量也是有一定限度的，若船舶中开始使用容量较大的设备，或有容量较大的用电设备从船舶的电网当中被切割出去时，并联机组的有功和无功功率都会发生变化，电网的频率以及电压，也会随之发生相应的变化。

②当电网的用电负荷保持不变时，若单独增加一台发电机输入的机械功率时，可使该发电机输出的有功功率增加。与此同时，将引起另一台并联机组输出的有功功率自动减少。

③若船舶电网中，新增相当于一台发电机的励磁电流时，那么会增加无功功率的输出，而另一台并联状态下的发电机，会自动减少无功功率的输出。励磁电流的增加，会导致空载电动势的增大，另一台发电机会减小无功功率的输出，并减弱其磁效应，它们都可引起电压的上升。若只将一台发电机的励磁电流减小，那么所发生的变化与上述情况正好相反。因此需在同一时间内，将两台发电机的励磁电流，向着相反的方向进行调节，才能确保电压不发生变化。

（三）发电机运行对原动机的要求

两台及两台以上的交流同步发电机要保证完全稳定地并联运行，对拖动发电机运行的原动机的要求。

①各并联运行发电机组的原动机必须有相同而均匀的角速度。原动机角速度不同，将引起并联运行机组的频率不同而产生振荡。

②若发电机处于并联状态下，其原动机的速度变化率，有着自身合适的差特性。当电网的负荷发生变化时，所有处于并联中的发电机，都需要按照各自的容量以及比例，去分担这些变化的负荷，这样才能保证发电机能够在并联状态下稳定地运行。这就需要所有发电机的原动机，能保持完全一致的速度变化率，但这只是理论上的状态，实际情况是，这些调速特性都会存在微小的差异。

③所有在并联状态下运行的发电机，都需要拥有灵敏度适当的原动机。若调速器过于灵敏，会导致电网出现微小的负荷变化，也会影响其运行的速度，并联机组会因整步功率的变化，导致接受关系的出现，因此需要对原动机的输入功率做出调节，负荷分配变得不稳定，并联电机有可能产生振荡；而如果调速器过于迟钝，也引起调节速度趋于缓慢，导致原动机的速度变化率，在瞬时过大，这也会导致其他问题的出现。

二、同步发电机并联运行的操作方法

船舶同步发电机组在以下三种情况时需要进行并联（并电）运行：①交换机组时的短期并联运行；②满足电网负载需求时的长期并联运行；③满足航行安全需求时的长期并联运行。

发电机并联运行包含的主要内容如下。

①并联时的同步操作；②并联成功后的功率分配操作；③在自动运行的情况下，还要考虑到电网无电压时无须同步的直接投入操作和退出并联运行前的卸载（负载转移）操作，并在功率小于一定值时解列某台机组。

影响发电机投入并联的因素有三个：电压差、频率差和相角差。若出现电压差，会导致无功的均压电流的出现；而整步电流产生的原因，是相角差和频率差的存在。所有力矩都是为了将这些差别减到最小。当发电机进入电网并开始运行的瞬间，发电机的电抗会骤然下降，并且降至超瞬变电抗，从而产生冲击电流。这种差值越大，所形成的冲击电流也就越大。因此在发电机投入电网之前，要采取措施，将这些差值限定在一定范围之内，因为如果冲击电流过大，将会对机组的安全造成威胁，导致无法正常供电。

在船舶电站中通常采用准同步方式。所谓准同步是满足待并机组与运行机组之间的电压差等于零、频率差等于零和相角差等于零三个同步条件时，把待并发电机投入并联（即合上主开关）运行。理想的准同步合闸瞬间，发电机定子电流等于零。准同步有优点也有缺点，优点在于冲击性的电流较小，缺点在于需要较长的操作过程，尤其是当电网的频率出现较大波动时，若要进行并车操作较为困难。现阶段，中型以及大型船舶所作用的电站的运行方式，大多为准同步的方式。特别是自动化控制的电站，几乎全为准同步的模式。

早期的船舶电站中也有采用粗同步方式进行并车的。

粗同步的定义是“在使同步发电机与另一同步发电机或电源进入同步时仅调节电压，使之与对方相接近而没有精确地调节频率与相位的同步过程”，即把待并发电机的电压和频率调到大致与电网接近时，将待并发电机通过电抗器并入电网，当待并发电机拉入同步后合上待并发电机主开关，切除电抗器。进行粗同步合闸时，要求电抗器限制冲击电流在2.5倍额定电流之内。粗同步的优点是操作过程短，不会产生危及机组安全的冲击电流；缺点是有较大的冲击电流，频率差较大时有可能无法拉入同步。粗同步一般只在小型船舶电站中使用，主要考虑到电站容量小、负载的变化容易引起电网的电压波动、寻觅同步瞬间困难等因素。

手动同步并车操作步骤是，启动待并发电机组，使电压差在±10%以内。通常来讲，若待并发电机上的调压器，处于正常工作的状态，那么就无须进行特别调整。随后需要对待并发电机的初相位和频率进行检测，并做出相应的调整，目的是令其达到准同步并车的相关要求。待并发电机上的调速开关可用来对原动机的转速做出调节，让待并发电机的频率同运行发电机的频率接近，再通过相关的同步检测装备以及指示装置，来对待并发电机组进行检测，观察其与运行发电机组的频率差是否保持在0.5Hz以内，初相位是否达到一致。

在此过程中，要避免在电网的负载出现较大波动时，进行并车的操作，比如在大功率的电动机正在启动时以及发生变速时。

同步操作的方式主要有三种：一是手动方式，这是由工作人员通过手动的方式来完成操作的；二是自动方式，这是装置以自动的方式来完成操作的；三是半自动方式，指的是工作人员手工调节频率差和电压差，而由自动装置来完成合闸的操作方式。

（一）手动准同步并车装置

人为观察待并发电机对同步条件的满足情况，做出操作判断，需要升速或降速，是升压还是降压，然后进行调速、调压操作，在相位重合时操作发电机主开关合闸，把发电机投入并联。操作的依据是同步指示灯或同步表（以同步表为主，同步指示灯为辅）。同步指示灯用指示灯显示频率差的大小和正负（旋转法）以及相角重合。同步表又称为整步表（同步指示器、同期表）。同步表用表面指针的旋转方向和快慢来指示频率差的大小及正负，用固定的（12点）位置指示相角重合。

1. 同步指示灯

采用同步指示灯检测并车条件，按接线方式的不同分为灯光明暗法和灯光旋转法两种。

（1）灯光明暗法

灯光明暗法工作原理分析如下：用指示灯分别接在电网侧和待并侧的对应相上，由于主开关未合闸，两侧频率不相等，电压向量按频率差的正（快）、负（慢）相对旋转。指示灯两端的电压是由频率差和相位差产生的电压差。一般在进行并车操作时调节，使两侧电压接近，可以认为电压差为零，这样相位差的变化就是由频率差引起的。灯熄灭，表示相位一致。灯的亮度从暗到亮闪烁变化，闪烁的速度表示频率差的大小，熄灭表示相角重合（即相位一致）可以合闸。

明暗法的缺点：亮、暗闪烁速度只能表示频率差的大小，而无法指示频率差的正负。

（2）灯光旋转法

灯光旋转法工作原理分析：3 个指示灯分别随时间不同亮、暗闪烁，可以产生视觉上的旋转效果。3 个指示灯安装在面板上排成三角形，其中的 1 个指示灯接在电网侧和待并侧的对应相上，另外 2 个指示灯采用交叉连接。当待并侧频率低于或高于电网侧，3 个灯轮流熄灭，熄灭方向产生旋转方向的视觉。操作员由此判断出待并侧相对电网侧频率的高或低，据此可判断出发电机是降速还是升速操作。中间的指示灯熄灭，表示相位一致（相角重合），可以合闸投入发电机。

目前船舶并车条件的检测多采用灯光明暗法。因为采用明暗法只需取一相检测，同步指示的选择电路比较简单可靠。

因为观察灯泡亮暗变化及旋转使操作人员不易准确掌握合闸时机，所以船上都采用同步表（同步指示器）来检测并车条件，而同步指示灯只作为一种辅助并车指示。

2. 同步表

当两台同步发电机并车时，为了观察电压、频率是否接近，可以通过电压表与频率表来实现。同时为了检测两台发电机的相角是否接近一致，通常采用同步表来指示并车的频率差和相角差。

（1）电磁式同步表

电磁式同步表是一种电磁式仪表。表盘上标有快、慢方向的指示箭头，并在 12 点钟处标有一根红线，指针转到这个位置上表示同相位。指针离开红线的角度即为相位差角。

当待并发电机的频率与电网的频率相等，相位也相同时，则对应刻度盘上指示为零（固定的 12 点钟位置）。

当待并发电机的频率超过电网频率时，则指针沿着“快”的方向旋转，指针的旋转速度为两频率的差额。同理，当指针沿着“慢”的方向旋转，这就表示待并发电机的频率比电网频率“慢”了。

由于指针旋转的速度就是频差，指针转一圈的时间就是频差周期，因此，可以根据刻度盘上指针转动的快慢来调整待并发电机的转速（频率），使它每转一圈在 3 ～ 5s，此时指针转动的方向表示待并发电机的频率比母线频率快或慢。

同步表的定子线圈经三相电电压互感器接待并发电机的三相输出电压，另一组线圈经电压互感器接电网电压。同步表转换开关在不并车时应置于零位；并电时，将转换开关转至待并发电机位置即可检测频率差和相角差。

在同步表接线中，要注意转轴励磁线圈的两相电源不能接错。如果励磁线圈的两相电源接错，指针的指示便不正确，即使频率相同且相位一致，指针也不指示零点，而是固定偏转某一角度。同步表只供并车使用，按短时工作制设计制造。并车完毕后，立即将同步表切除。

（2）带指示灯的同步表

带指示灯的同步表采用发光二极管指示方式，用来指示待并发电机与运行发电机的频率差和相位差。同步指示器表盘圆圈均匀分布有 36 个指示灯，每灯代表 10° 电角度。上方 12 点钟处指示灯为 360° ，其中指示灯与 12 点钟处指示灯同步。

当运行发电机组与待并发电机组频差小于 0.2Hz，且相位差在 350° ～ 360° 时，指示灯亮，此时待并发电机组即可并车投入运行。

（二）手动并车操作

根据同步发电机并联运行的基本工况，并结合实际操作经验，可以归纳出手动操作同步发电机并车步骤如下：

①启动待并发电机的原动机，使其加速到大致接近额定转速；

②通过主配电板上的电压表观察待并发电机的电压，看是否接近额定电压；

③接通同步表（同步表选择开关置待并发电机位置）；

④观察同步表指示的相位差，在将要到达“相位一致”时，即 11 点钟位置时，立即按下待并发电机的合闸按钮，此时空气断路器立即自动合闸，待并发电机投入电网运行；

⑤断开同步表的开关；

⑥并电后，调频调载。刚接入的发电机功率表指针接近于零，尚未带负载，通过调节两台发电机的调速旋钮，使刚并入的发电机加速，原在网发电机减速，在保持汇流排频率为额定值的条件下，使两台机组均衡负载。

上述并电步骤中，准确掌握合闸的时机是并车成功的关键。在进行并车操作时应尽可能在负载较平稳时进行，避免在起货机起吊货物、起锚机起锚时并车。

解列其中的某一台发电机组时，则先要将其全部负载功率转移到另一台发电机上，然后才可断开该台发电机的空气断路器，使发电机脱离电网，最后停止原动机。

手动准确同步并车对操作要求较高，若操作不当，就会产生很大的冲击电流，严重时甚至造成停电事故。所以，除手动准同步并车装置外，在船舶上还常采用自动同步并车装置。

（三）粗同步并车

粗同步并车工作原理是在待并发电机的频率、电压调整到大致接近网上运行发电机的频率和电压时（对相位差的情况不做考虑），通过一个串联电抗器，将待并发电机接入电网中，缓冲一段时间，电流的冲击力减小后，对空气断路器进行合闸，再切除电抗器。这种操作方式，能够减小因相位差和电压差的存在而产生的冲击电流，与准确同步并车相比，这种操作装置对于频率的调速和电压的调整要求相对较低，所以也叫作粗同步并车装置。在此操作过程中，一些参数的调整是通过手动的方式完成的，只有合闸是自动完成的，因此该装置也被称为半自动粗同步并车装置。这种操作装置有两个显著的特点：①简便；②准确。

粗同步并车的工作过程如下。

假设 G_1 为网上的运行发电机，G_2 为待并发电机。手动调整待并发电机 G_2 的伺服电机调速旋钮，将其电压、频率调整到与网上运行发电机比较接近时，合上同步表转换开关到 G_2 并车位置，观察同步表指针，待指针旋转较慢且指针转到“红线”位置前一个角度时，按下并车按钮，则接触器线圈获电，其辅触头闭合自保，主触头闭合，使 G_2 通过并车电抗器与电网接通；同时，时间继电器线圈获电，经一定延时（延时的时间要能保证在这段时间内待并发电机与运行发电机能拉入同步），一般整定时间为 6～8s，其常开触头闭合，接通合闸电路，G_2 直接接入电网并联运行。与此同时，主开关常闭辅触头断开，使线圈失电，从而使电抗器自动切除，整个粗同步并车完毕。

粗同步并车装置的预调较为简单，也不会出现误合闸的情况，无论是电网频率以及电压波动较大时，还是相角差比 180° 小时，都可进行合闸操作，这种装置放宽了对准同步并车的条件，因此并车的成功率也可以大幅度提高。

在粗同步并车时，所使用的电抗器，本身是按照短时工作的标准进行设计的，因此通电达到十几秒时，电抗器就会自动烧毁。粗同步并车的时间，可以通过时间继电器来进行控制。当电抗器接入电网后，在一定的时间之内，如果发电机主开关没有合闸，则自动切除电抗器，解除粗同步操作。

三、同步发电机组有功功率的分配与调节

同步发电机在并联的状态下运行时，发电机有功功率的分配与其频率的调整有着密切的关系，一旦机组的转速发生波动，系统中有功功率的分配就会出现不均匀的现象。调整频率实际上就是调整原动机的转速，因此可以通过自动化的调频调载专用装置以及安装在原动机上的调整器，来对发电机的有功功率和频率做出调整。

若船舶的交流电站出现负载方面的变化，那么发电机组的转速也会出现变化，进而引发电网频率出现变化。

若电网的频率出现降低的情况，也就是比额定值低时，风机、电动机以及泵的转速都将出现下降的情况，在单位时间内，这些设备供水、供油、送风的效率也会降低；而当电网的频率出现升高的情况时，也就是比额定值高时，电动机的转速会得到提升，输出的功率也会相应提高。

因为柴油机、燃气轮机以及蒸汽机等原动机在设计时的标准，都是按照额定转速情况下所获得的最高效率来制定的，一旦转速出现变化，原动机的效率也会相应降低，特别是在几台发电机并联运行的情况下，会导致各机组的有功负载难以平衡分配。

对于处于正常工作状态下的船舶电站来说，需要定期对发电机原动机的转速做出调整，目的是让电网的频率保持稳定，令发电机的有功负载按照合理的比例进行分配。为了令供电的质量不断提高，新式船舶的电站大多会安装能够实现自动调频的调载装置，这种装置被称为频载调节器。这种调节器能够对功率差和频率差进行合成，经过放大以及判别之后，据此来对伺服电机进行控制，通过对原动机油门开度的调节来实现对发电机原动机转速的控制。

因为原动机本身都具有调速器，频载调节器只起辅助调节作用，所以它不需要迅速反应和频繁动作（伺服电机是短时工作制的，不允许长期工作），只是在调速器动作之后仍存在固定偏差时，再由它进行调节。对于因起货电动机等的固定频繁启动、正反转、停止所引起的电网频率波动则不需要进行调节。

（一）基本工作原理

船舶电站中所有参与并联工作的发电机构成了电网，原动机所具有的负

载特性决定着有功功率的分配方式。

若要保证船舶电站的正常、稳定运行，首先在并联状态下的发电机需要正常使用调速器来合理分配电网中的有功功率以及频率。下面以两台并联运行状态下的发电机组来举例，对其有功功率的分配、转移以及频率的调节做出分析。

若电网中已经有一台（暂称 1 号机组）在部分负荷的状态下运行，接下来要将另一台（暂称 2 号机组）接入到同一个电网中运行，但 2 号机组尚无负荷。这时为了能够令 2 号机组载有负荷，需要维持电网中原有的电压和频率不变，让 2 号机组分担一部分 1 号机组的负载。在两个机组进行负载转移时，需要通过自动励磁的调速装备，保证电网中电压的恒定，并且完成无功负载的顺利转移，而维持电网频率恒定以及有功功率转移则是借助于改变调速器套筒的位置（即弹簧的预紧压力）来实现的。

在手动转移有功负载时，操作人员利用调速开关同时手动调节两台发电机原动机的伺服电机，加大 2 号机组原动机的喷油量，目的是令该发电机组所承担的负载有所增加，同时减少 1 号机组原动机的喷油量，令 1 号发电机组的负载有所降低，这种转移一直持续到有功功率的分配达到预期的量时。下面将针对调速器的工作特性（有差特性和无差特性）来分析发电机频率及有功功率调整的特点。

（1）两台发电机组的原动机调速特性都为无差特性

若两台具有相同无差特性的发电机组并联运行，则两台发电机组的特性曲线重合为一条与横坐标相平行的直线。这时电网的频率只有一个值，而电网的总功率在两台发电机之间的分配将找不到稳定的平衡点。任何偶然性的原因都可能形成总负载或一大部分负载转移到某一台发电机组上，甚至会使某一台发电机组超载，而另一台发电机组则变成逆功率状态运行，最后将导致保护电器的动作。这种调速特性的配合，即使有时保护电器不动作，也会造成功率随机波动的现象，致使发电机组间有功功率的相互转移，所以两台同时具有无差调速特性的机组是不能稳定并联运行的。

（2）一台发电机组为无差特性，而另一台发电机组为有差特性

假设两台发电机组，1 号发电机组为无差特性，2 号发电机组为有差特性，在初始状态两台发电机组所承担的负载为 $P_1=P_2=\frac{1}{2}P_{总}$，由 1 号发电机组保证。当电网总负载变化时，两台发电机组的调速特性保持不变，电网的频率保持不变，2 号发电机组输出的有功功率 P_2 也保持不变，电网负载的变化量将由具有无差特性的 1 号发电机组全部承担。

由上述分析可见，如果需要调整两台发电机组有功功率的分配，则应调节2号发电机的调速器，改变2号发电机组所承担的功率。2号发电机组特性下移时，2号发电机组承担功率降低，1号发电机组承担功率增加；反之，2号发电机组特性上移时，2号发电机组承担功率增加，1号发电机组承担功率减少。

一台无差特性发电机组与一台有差特性发电机组的并联方法称为主导发电机方法。具有无差特性的发电机组称为主导发电机组，它保持频率恒定，并承担负载的变化量。采用这种方法时必须使主导发电机组具有足够大的容量，所以主导发电机方法在船舶电力系统中很少采用。

（3）两台发电机组的调速特性都为有差特性

假定两台发电机组均具有有差调速特性，原动机的转速（发电机的频率）随电网负载的变化而变化。若原动机的调速器存在有差特性，那么所有功率的变化都会有相应的频率变化与之呼应，也就是一旦负载率出现变化，那么调整器也会对转速做出相应的调整。所有船舶所使用的电力系统中，处于并联运行状态中的发电机组都会安装这种调速器，其调差系数都接近相等，所有并联中的机组会分担这种负载的变化。这种调整方法被称为“有差特性”法。

若电网的频率直接通过调速器特性来进行调节，这种方法就是“一次调节”。但在实际操作的过程中，往往还需要“二次调节”作为辅助，也就是电网频率由调速器进行一次调节之后，再通过自动装置或手动方式来进行第二次调节，调速器特性曲线位置会出现移动，进行原动机的燃油被改变，实现对电网的功率和频率的调节。

（二）手动操作方法

若需要对两台并联运行状态下的发电机组中的一台进行解列，也需要同时对原动机的调速控制开关，做出反向的调节。在保持电网原有运行频率的情况下，把所有的负荷完全转向正在运行中的机组。一旦被解列的机组的有功功率减少至接近零时，立即断开这台发电机的主开关。并联运行状态下的发电机若出现功率分配不均，并且在差异较大的情况下，也需要根据发电机的容量，在合理的比例下，均衡分配其功率。若电网的频率与额定值出现较大偏差，可将两个机组的调速开关向着同一个方向操作，人为地使频率出现下降或上升。

第二节 船舶轴带发电机及其运行

一、船舶轴带发电机概述

动力来源于船舶主机的发电机称为轴带发电机，由轴带发电机向船上电网馈送电能的系统称为轴带发电系统。

20 世纪 50 年代，轴带交流发电机装置的构造越来越成熟，这使得更多需要直流供电的船舶对此投入使用。然而这项技术并不十分完善，它无法使得主机转速在一定的值内变化，因此仍有大部分船舶使用柴油发电机。目前，很多船舶使用的是柴油发电机和轴带发电机组合的装置，这也带动了轴带发电装置的发展。

（一）轴带发电机的优点

①在船舶的制造过程中，设计者要把节能这一项内容考虑进船舶的整体，而恰好轴带发电机比柴油发电机更加节能，因为轴带发电机能够有效地运用主机的热能，使得主机运营的残余热量能够加以运用而避免被浪费。与此同时，主机的热效率比一些柴油发电机要高得多，它能够更好地发挥自身的能量，主机使用的燃料又比柴油机发电的燃料要便宜。因此，综合来看，轴带交流发电机要更加经济实惠，它不仅仅运用了主机燃料便宜的这一特点，还能够更加节能，对主机运行的剩余热量加以废物利用。

②利于能量综合利用。船舶可以安置轴带发电机，一般来讲，船舶在运营时，轴带发电机可以为船舶供电。轴带发电机节能效果好，由它来为主机供电，既可以省去柴油发电机的供电环节，又可以有效利用主机的剩余热量，同时又降低了副机的功耗。由于副机功耗的余热不容易得到利用，四冲程的柴油发电机又比二冲程要消耗更多的热量，因此用轴带发电机可以减免很多的热损。

③减少润滑油消耗及副机维护保养费用。通过轴带发电机为主机供电，使得主机的作用更加充分，减少了副机的运行时间，降低了副机的功耗和破损，因此更加节约了成本。

④使用交流轴带发电装置后，可以少设置柴油发电机组的台数，这样购买柴油发电机的钱就节约了下来，整个船舶的空余空间增大，可以更好地对船舱进行规划布置，同时降低了柴油发电机的噪声，使整体更加适宜工作。

（二）轴带发电的装置类型

轴带发电机有调距桨和定距桨之分，这是两种轴带发电机的不同装置，而船用的轴带发电机是由主机控制的，主机可以使发电机运行的装置为变速装置，这种轴带发电机装置的选择，需要根据不同的因素来确定，比如船舶的吨位、主机形式，或者种类等。

（1）调距桨（可调螺距桨）船舶的轴带发电装置

调距桨轴带发电装置适用于调距桨船舶。无论船舶是机动航行还是正常航行的，调距桨主机转速基本保持不变，轴带发电装置的电压频率也基本保持恒定，因此可以采用一般的船用交流发电机组，其工作原理及操作均比较简单。为了解决发电机体积的问题，船舶在轴带发电机和主机之间，可以应用中间传动机构，这可以改变轴带发电机的转动速度，从而缩小轴带发电机的占用体积。由于轴带发电机的使用，主机的能量几乎被完全地利用，但是转速却与柴油发电机不相吻合，所以轴带发电机和主机也不可以长时间地组合使用。

（2）定距桨（固定螺距桨）船舶的轴带发电装置

定距桨船舶在配备轴带发电机的同时，需要安装转速补偿装置和频率补偿装置，因为轴带发电机的转速变化，受到主机工况和转速等变化的影响，需要使用转速补偿装置和频率补偿装置，来将轴带发电机的转速稳定在一定范围内。对于定距桨型轴带发电装置解决频率不同的方式，归纳起来主要有旋转变流机组稳频型、行星齿轮传动型、液力传动型以及晶闸管（可控硅）整流—逆变器型四种。

（三）轴带发电机的系统组成

轴带发电机系统主要由下列三大部分组成。

（1）主回路有功通道

轴带发电机、晶闸管整流器、直流平滑滤波电抗器、晶闸管逆变器和交流电抗器构成主回路有功通道。变压器和晶闸管整流器是轴带发电机励磁电流调节电路。

（2）无功通道

无功通道由具有自动调压器（AVR）的调相机（也称同步补偿机SC）构成。

（3）控制器

频率和逆变角控制器的作用是调节和控制系统频率与有功功率。交流电抗器滤除交流谐波，使输出电压更接近于正弦波。同时，交流电抗器也有限制短路电流的作用。

二、轴带发电机系统的运行

（一）轴带发电机系统的工作原理

下面以低频无刷同步发电机为例来分析轴带发电机系统的基本工作原理。

低频无刷同步发电机，通过晶闸管整流器，将交流非稳定频率传输到直流，然后通过晶闸管逆变器与调谐电网并联，传输到标准频率交流。轴流式发电机，仅提供为电网供电所需的有功功率和将相机输出到电网所需的无功功率。在系统启动时，摄像机由同轴异步电动机驱动。

系统的电压和频率取决于调相机的电压和频率，以调相机的频率控制触发逆变器，在控制器的作用下，当轴带发电机的逆变器已输出与调相机相同的电压和频率时，调相机的异步电动机将被自动从辅助发电机电网上断开，而此时补偿机（调相机）则由逆变器输入功率，继续保持与逆变器并联运行。这时调相机就相当于一台原动机失去动力的同步发电机，是处于逆功率下的电动机运行状态。

如果轴带发电机系统与辅助发电机并车后是独立运行供电（辅助发电机被解列）的，则由轴带发电机的逆变器向电网负载输出有功功率，由调相机向负载输出无功功率，这就类似于两台同样的柴油发电机并联时，将有功功率全部转移给一台发电机，并通过调节励磁电流将全部无功功率转移给另一台发电机的供电情况。由于逆变器将直流变成交流是靠晶闸管的开关作用完成的，逆变器输出的交流电压和电流每半波都是同时导通和断开的通路，所以电压和电流同相位，只输出有功功率。

系统频率的调节：励磁电流的增加，可以提高轴带发电机的电压，通过对励磁电流的影响，可以改变系统频率。电网可以承受的电压是固定的，当逆变器中的电压超出标准范围时，可以增加调相机的功率转速和频率。

系统有功功率平衡的调节：可以通过降低调相机的动能，来提高有功功率，若电网可以负载更多的有功功率，电流就会增加，转速和频率就会降低。但是当频率增加时，发电机配备功率控制器，可以通过调节其他方面，比如发电机的励磁电流来改变输出的功率，使得这个功率与电网的负载相吻合。

系统无功功率平衡的调节：调相机无功电流受电网负载的无功功率的影响，电压也会有所变化，这时自动调压器就发挥了作用，它可以改变励磁电流的电压，使得电压和无功功率都达到一种和谐的状态，它的原理和同步发电机是相同的。

（二）轴带发电机系统的运行操作

1. 轴带发电机系统启动程序

当船舶离港进入正常航行工况后，主机转速达到要求时，可投入轴带发电机系统。轴带发电机系统的启动按以下步骤进行：

①接通控制系统的电源；

②检查启动条件，当系统无故障报警和车钟在大于最小转速（大于 75% 额定转速）位时，允许启动调相机（发出允许启动信号）；

③按下异步电动机的启动按钮（或自动控制启动），带动调相机启动，并建立电压；

④检查调相机建立正常电压后，接通轴带发电机的励磁电路，发电机启动空载运行；

⑤给整流器、逆变器触发脉冲，逆变器开始向调相机输出功率，异步电动机断电；

⑥轴带发电机系统已经具备供电能力，启动成功。

2. 轴带发电机与辅助发电机并联和转换

轴带发电机手动并车的整步合闸、负载转移和辅助发电机的解列与一般的手动准同步并车操作相同。在按下按钮之前，需要进行观察，能量是通过有功通道来储存的，在此之前，频率还会自动调整。这一过程中，自动并车装置也可以发挥作用，它可以控制负载转移，并且辅助发电机的整合。

3. 轴带发电机系统停机条件

导致停机的条件如下：①按停机按钮；②电源故障；③运行故障（短路、过载、欠压、转速过低、频率过高等）；④系统中任一电机绕组过热等。

这些条件都将引起轴带发电机系统自动开关跳闸，整流器、逆变器停止触发而停机。

4. 轴带发电机系统停机程序

当船舶需要转入机动工况（如进出港等）时，因主机将进行减速、倒车、停车等操纵，轴带发电机应停止工作。

①启动辅助发电机组，并切除次要负载。

②完成辅助发电机的手动或自动并车及负载转移，之后才能操纵主机减速或倒车。

③当主机转速降低到额定转速的 40% 以下时，轴带发电机励磁终止，主开关跳闸。逆变器停止触发，轴带发电机终止发电。

第三节 船舶发电机运行的安全保护

一、发电机外部短路、过载、欠压和逆功率保护的要求

根据我国《钢质海船入级规范》规定，对500V以下同步发电机，针对其不正常运行情况和可能出现的故障，主要设置的安全保护和要求如下。

（一）发电机的短路保护和过载保护的要求

发电机的保护应采用能同时分断所有绝缘极的断路器作发电机的短路和过载保护，其过载保护应与发电机的热容量相适应，并应满足下列要求。

①过载10%～50%之间，经少于2min的延时，断路器应分断，建议整定在发电机额定电流的125%～135%；延时15～30s断路器分断。

②过载（电流）大于50%，但小于发电机的稳态短路电流，经与系统选择性保护所要求的短暂延时后断路器应分断。断路器的短延时脱扣器建议按下列规定进行整定：始动值为发电机额定电流的200%～250%；延时时间，直流最长为0.2s，交流最长为0.6s。

③在可能有3台及以上发电机并联连接的情况下，还应设有瞬时脱扣器，并应整定在稍大于其所保护发电机的最大短路电流下断路器瞬时分断。

④单机容量小于50kW（或kVA）且不并联运行的发电机，可以设一多极联动开关，并在每一绝缘极上设一熔断器作保护。

⑤容量为1500kW或以上的发电机应配备一合适的保护装置或系统，以便在发电机内部或发电机至其断路器之间的供电电缆发生短路的情况下，使发电机灭磁并使其断路器分断。

船舶发电机的过载保护主要是由自动分级卸载装置和自动空气断路器中的过电流脱扣器实现的，船舶发电机的外部短路保护主要是由自动空气断路器中的过电流脱扣器实现的。

（二）发电机的欠电压和逆功率保护的要求

1. 发电机欠电压保护的要求

并联运行的发电机应设有欠压保护并能满足下列要求：

①当发电机不发电时断路器应瞬时动作；

②当电压降低至额定电压的70%～35%时，应经系统选择性保护要求延时后动作。

船舶发电机的欠电压保护主要是由自动空气断路器中的失压脱扣器实现的。

2. 发电机逆功率保护的要求

并联运行的交流发电机应设有延时 3 ～ 10s 动作的逆功率保护，并联运行的发电机的逆功率（或逆电流）值按原动机的类型不同可整定为：

①原动机为柴油机：发电机额定功率（电流）的 8% ～ 15%；

②原动机为涡轮机：发电机额定功率（电流）的 2% ～ 6%。

当供电电压下降至额定电压的 50% 时，逆功率或逆电流保护不应失效，但其动作值可以有所改变。

船舶发电机的逆功率保护由逆功率继电器实现。

二、发电机外部短路、过载、欠压和逆功率保护的原理

电路当中常常会发生外部短路，过载等安全问题，船舶中的电路也是如此，这时就需要给船舶安装一种配电保护器。船舶常用的配电保护器是船用万能式自动空气断路器（Air Circuit Breaker，ACB），它包含触头系统、灭弧室脱扣器等。但是船用万能式自动空气断路器多用于不会频繁开关的电路，在船舶当中，可安装在配电装置中，或者墙上支架中。

船用万能式自动空气断路器的保护机构由过电流脱扣器、失压脱扣器、分励脱扣器及电子型脱扣器等组成。脱扣器是自动空气断路器的感受元件，当电路发生故障时，脱扣器接到信号后动作，经过断路器自身的自由脱扣机构使自动断路器分闸。

过电流脱扣器会根据电流短路的时长，来决定切断电路。过载长延时、短路短延时，再加上特大短路瞬时脱扣，共同组成了保护过程的三种类型。过载长延时也分为定时限和反时限，定时限是不论过载量有多大，都会根据固定的时间来切断电源，而反时限的时间，是根据过载量大小而决定的，它会随着过载量的增大而减小。过电流脱扣器分为两种，双金属片热脱扣器和电磁式过流脱扣器。双金属片热脱扣器就是反时限的，当电流过载时，它会把双金属片儿弯曲，从而切断电流，过电流脱扣器会在过载时采取相应的动作切断电流。

额定电压超过 75% 以上时，需要确定自动断路器的有效性，失压脱扣器会在欠压和失压的时候发挥作用，比如电压还不到额定电压的 40% 或者以下时，失压脱扣器可以避免在电压过低的时候产生失误。为了避免在电网电压瞬时波动下产生误动作（如较大异步电动机启动等），要求失压脱扣器在欠压情况下可带有 1 ～ 3s 的延时。分励脱扣器可用于远距离遥控断路器迅速分闸。分励脱扣器的作用原理与失压脱扣器相似。但是，它是由操作人员或继电保护装置发出指令后执行断路器跳闸。失压脱扣器电磁线圈串联在电源电

路中，正常情况下失压脱扣器电磁线圈有电，而分励脱扣器的电磁线圈正常情况下不通电，当需要自动断路器分闸操作时，才给分励脱扣器一个控制电压，使其瞬间动作跳闸。

电子型脱扣器是用半导体元件制造的综合型保护元件，具有过载、短路和欠压保护等功能。电子脱扣器的一个突出特点是在环境温度变化的情况下，仍能稳定地工作。

有的船用万能式自动空气断路器还带有锁扣装置。设置它的目的是在紧急情况下，保证万能式自动空气断路器不会自动跳闸。如果将锁扣装置放在“扣”的位置，脱扣器将被锁住，此时即使发生故障，万能式自动空气断路器也不会自动跳闸。因此，只有在紧急情况下，尽管电气设备可能受到一些损伤，但也要强迫供电，而不希望断路器自动跳闸时，才可以启用锁扣装置。

三、发电机外部短路、过载、欠压和逆功率保护参数的调整

（一）发电机过电流保护的参数调整

1. 发电机的过电流保护参数调整的原则

发电机发热与电流的大小和持续的时间有关，发电机单机运行的保护主要是过电流保护。发电机承受的电流在 1.1 倍额定电流时，允许的运行时间为 2h；在 1.25 倍额定电流时，允许的运行时间为 30min；在 1.5 倍额定电流时，允许的运行时间为 5min。

发电机过电流小于 110%I_N（脱扣器额定电流）时，通过延时确认，发出声、光报警，卸除部分非重要负载，减小发电机负载电流。一般根据船舶电站发电机的容量和台数，考虑非重要负载的性能和大小，分级脱扣卸载的各级脱扣是利用延时的时间差来实现的。例如，长延时脱扣器的延时为 20s 时，若分 3 级脱扣时，延时时间一般整定为：第 1 级脱扣延时为 5s；第 2 级脱扣延时为 10s；第 3 级脱扣延时为 15s。

优先切断的非重要负载，通常是先根据负载的性质，再根据功率的大小进行调整的。例如：某集装箱船的优先脱扣切断负载分为两级，第 1 级切断的负载为：机修工具、厨房设备、造水机、绞缆机、起货机、空调、货舱风机、住舱风机、日用淡水泵、舱底水分离泵、舱底压载扫舱泵；第 2 级切断的负载为冷藏集装箱电源。优先切断多少负载，取决于并联运行发电机的台数和负载率。

发电机过电流在（110% ～ 150%）I_N 时，通过延时（15 ～ 30s）的确认，分断空气断路器，该保护称为长延时保护。

发电机过电流在（150% ～ 250%）I_N，通过延时（0.2 ～ 0.6s）的确认，分断空气断路器，该保护称为短延时保护。短延时应与系统保护的选择性相配合，当系统中某处发生短路时，该处的小型断路器应先跳闸，以保证无故障的电路正常供电。大多数保护装置的短延时都是定时限特性的。

发电机过电流超过 250%I_N 时，瞬时分断空气断路器，该保护称为瞬动保护。

2. 过电流保护参数的设置与调整

发电机过电流保护装置的动作值与发电机电流的配合有两种方式：一种以发电机额定电流为基准值，另一种以 ACB 的框架电流为基准值。基准电流是确定保护动作值的依据，电流互感器的变比是试验时模拟电流的计算依据。若基准值是按发电机额定电流选取的，则基准电流是被保护发电机的额定电流。电流互感器的一次侧额定电流与发电机额定电流接近，二次侧是 5A 或 3A。

例如发电机的铭牌表示为：额定电流是 720A，基准电流为 720A，电流互感器的变比 800/5A。则参数设置如下。

长延时脱扣，保护的范围是（110% ～ 150%）I_N，按发电机 I^2t 过电流特性保护，动作延时时间随电流增加按指数下降，称为反时限动作特性。保护开始动作的电流称为始动值，用 I_1 表示，可以认为 I_1=1.1I_N。长延时整定电流 I_1=1.1I_N=1.1×720A=792A，整定延时 T_1 ＝ 30s。由于长延时具有反时限特性，延时时间随电流的增加而减少，要考核动作的时间特性需要确定一个电流考核值，考核这个值所对应的时间。装置的长延时电流考核值设定为 1.2I_1。

短延时脱扣，保护的范围为（150% ～ 250%）I_N，延时不超过 0.6s 动作脱扣。始动值用 I_2 表示，整定电流 I_2=2.5I_N=2.5×720A=1800A；整定延时 T_2 ＝ 0.48s，动作特性是定时限，大于 I_2 应动作。

瞬动脱扣可以在（5 ～ 10）I_N 的范围内整定启动电流值，瞬时 t_1 应该是 0，实际动作总需要一定的时间，一般需要 20 ～ 40ms。

3. 参数调整与校验方法

保护装置在无电流输入的情况下可用面板开关进行功能校验；也可以输入模拟电流进行动作特性校验，校验时空气断路器必须提供工作电源，保护装置也需提供工作电源。

（1）长延时脱扣校验

①合上空气断路器；

②把瞬动和短延时脱扣的整定刻度转至“NON”位；

③把面板上的“试验开关”扳向“低”，同时按下秒表开始计时，这时

装置本身提供一个对应 $1.5I_N$ 的检测电流；

④空气断路器跳闸，脱开开关，开关自动复位到“OFF”；

⑤如果计时到跳闸的时间接近 $1.3I_N$ 对应的时间，说明功能正常；

⑥把瞬动和短延时恢复到原来整定位置。

（2）短延时脱扣校验

①合上空气断路器；

②把瞬动的整定刻度转至“NON”位；

③把面板上的“试验开关”扳向“高”，这时装置本身提供一个对应 $16I_N$ 的检测电流，如果空气断路器稍带延时跳闸，说明功能正常；

④空气断路器跳闸后，脱开开关，开关自动复位到“OFF”；

⑤把瞬动恢复到原来整定位置。

（3）瞬动脱扣校验

①合上空气断路器；

②把面板上的“试验开关”扳向“高”，这时装置本身提供一个对应 $16I_N$ 的检测电流，如果空气断路器立即跳闸，说明功能正常；

③空气断路器跳闸后，脱开开关，开关自动复位到“OFF”。

4. 保护参数调整

以 AH 开关为例。将 AH 主开关的电子脱扣器接点从连接线取下，参数调整试验电路中电流表 A 中的电流值是电子脱扣器中的电流（电流互感器的二次侧电流），应与 AH 主开关保护动作值相对应。保护动作的延时时间可用电子脱扣器上的相应电位器调节。动作值由电子脱扣器内部电位器调节。

试验时先将调压器旋钮调回零位，主开关合闸后逐渐增加输出电压，观察电流表读数，同时观察电子脱扣器上的相应指示灯，利用计时秒表得出动作延时时间。

（二）发电机欠压保护参数的调整

欠压保护参数调整试验电路中先将调压器旋钮调回零位，闭合闸刀开关后逐渐增加调压器输出电压至发电机额定值，观察失压线圈的吸合状态，然后闭合发电机主开关，再逐渐调节调压器使输出电压下降，调至欠压动作值，主开关应跳闸。

欠压动作值及动作延时时间的调整由整流装置内的电位器调节。

（三）发电机逆功率保护参数的调整

逆功率保护装置的整定值一般整定在 8% ～ 15% 额定功率（原动机为柴油机），延时 3 ～ 10s 动作。对逆功率保护整定值进行调整时，可在发电机单机运行的情况下，把逆功率继电器上的电压或电流连接对换，这样逆功率继电器把正功率作为逆功率测量，功率表指示的正功率数值就是逆功率数值。

感应型的逆功率继电器如 GG-21，动触点始动的逆功率数值与动触点接触静触点的数值并不是同一个数值，两个触点接触时的数值才是实际的逆功率数值。这是调整的要点，考核动作值要把动触点调节到尽量靠近静触点的位置。调整时必须分两步做，先整定动作值，然后再校验延时时间。具体步骤为直接调节功率到逆功率数值，开始计时，跳闸，停止计时。

在 GG-21 型逆功率继电器上装有调整逆功率动作值的插座，以备改变电流线圈的匝数，整定逆功率的启动值。在运行中调整时，要先以备用插销插入调整的插座内而后再旋出原插销插入备用插座内，以防电流互感器副边线圈开路。在额定电压下，启动功率可整定在 6.4%、9.6% 和 12% 的发电机额定功率。

GG-21 型逆功率继电器上还装有一止挡块，其作用是，当发电机输出有功功率时，能挡住动触头使之不能向反向转动，改变止挡块的位置，就可以调整动触头的行程，以整定延时的时限，可整定在 2s、3s、5s、7s、9s、12s。由于转矩与逆功率大小成正比，逆功率越大，转矩越大，铝盘旋转越快，因此 GG-21 型逆功率继电器动作时限具有反时限特性。

电子型的逆功率继电器比较容易调整，达到逆功率动作数值，由“超限”指示灯亮，开始计时，直到延时动作输出的“动作”指示灯亮，输出跳闸，停止计时，秒表所指示的时间即延时时间。

第四节　船舶电网绝缘监视系统及其他安全保护

一、船舶电网绝缘监视系统及接地故障排查

船舶交流三相电力系统，通常采用中性点绝缘的三相三线制，船舶电网如果发生单相接地，虽然不影响三相电压的对称性，也不影响动力用电设备的正常工作，但存在安全隐患，增加了人体触电的可能性，如果另外一相再发生接地便造成线间短路的危险。为了保障电网的正常运行，船舶电网的绝缘电阻不得低于 1MΩ。[①]

电热以及电力照明中所使用的绝缘配电系统，都应当有连续性监测绝缘电阻的设置，一次系统及二次系统都包括在内，均要安装监测报警器，以便于在绝缘电阻出现异常时，能够发出报警信号。这种信号可以是听觉类信号，

① 王文义 . 船舶电站 [M]. 哈尔滨：哈尔滨工程大学出版社，2006.

也可以是视觉性信号。船舶电网的单相接是否安全，可以通过绝缘指示灯来进行监视。电网绝缘电阻，可以通过以下两种装置来进行监视：一是专用的兆欧表，二是绝缘监视仪。

（一）船舶电网绝缘指示灯法

绝缘指示灯法（俗称接地灯法）仅适合三相绝缘系统。当电网工作正常时，三个灯星形连接，各灯泡两端均为相电压，因而亮度相同。若某一相（设为A相）出现接地故障，则A相所接灯泡被接地线短接熄灭，而另外两只灯泡两端的电压上升为线电压，灯泡亮度增强。假如A相线路出现漏电情况，灯仍然可以点亮，但是亮度会出现不同的变化，线路的绝缘情况也可据此获得指示。值班人员也能据此得知A线路的接地状态，此时应迅速采取措施进行排查。

假如三相线路全部出现了下降情况，那么故障就比较难以辨别，这种排查方法叫作单相接地检测。

（二）船舶电网绝缘监测

配电板兆欧表安装在主配电板上，它能在线随时监测船舶电网的绝缘电阻。

配电板式兆欧表由测量机构（表头）和附加装置（整流电源）组成，通过转换开关可分别测量380V（440V）动力电网和220V（110V）照明电网绝缘电阻。

若测动力电网的绝缘电阻，当电网绝缘电阻下降时。漏电流将增大。漏电流流经电源正极接线柱→电网→绝缘电阻比→测量机构→电源负极接线柱。漏电流越大，测量机构指针偏转越大，说明绝缘电阻越小。

在为新建造的船舶配备电路时，需要遵循以下原则：①电热以及电力照明中所使用的绝缘配电系统，都应当有连续性监测绝缘电阻的设置，一次系统及二次系统都包括在内；②一旦绝缘电阻出现异常情况，报警装置必须能够发出光源或声源信号；③一旦船体中的绝缘电阻低于每伏电源电压100Ω时，报警装备必须能够被触发。

（三）船舶电网接地故障排查

接地故障出现时，要分析判断故障点可能发生在何处，如考虑最近是否有新安装的电气设备，因接线碰壳而形成接地，或者船运行中有哪些薄弱环节易于形成接地等。必要时，可以用分区域断电的方法检查，分级逐个检查直到找出故障点。

船舶电网接地故障大多发生在照明网络。值班人员通过配电板式兆欧表检查发现绝缘电阻低（或装有连续监测对地绝缘电阻报警装置的声、光报警）

时，应及时找到接地点，排除接地故障，消除隐患。

照明网络接地故障的查找步骤如下：

①首先打开配电板式兆欧表测量照明网络，兆欧表指示此时为 0MΩ；

②在主配电板前，逐个合上照明配电开关，查看兆欧表指示是否恢复正常值；

③拉断区域开关的次序应为，船员居住区—甲板照明区—机舱照明区—驾驶台通导设施；

④找到发生接地故障的配电开关后，切断该路供电，查看兆欧表指示是否恢复正常值；

⑤在分配电箱前，运用便携式兆欧表查找二次配电网络，逐个测量分支电路对地绝缘状况；

⑥找到接地的分支电路后，合上这一路分配电开关，合上其余开关，在主配电板前合上这一路配电开关恢复供电；

⑦在查找具体接地点时，应从中间接线盒（如两个房间中间）断开，判断是哪一小区域（如房间）接地的；

⑧由于小区域中只有有限的几个供电点，一般不超过 5 个点，应逐一检查每个供电点，主要检查灯头、插头、开关部分引线，检查灯头、插头、开关的内部状况，经过这些检查仍找不到接地点时，应检查接线盒至用电器间电缆，直至找到接地故障点。

二、船舶接岸电的注意事项及其操作方法

船舶进厂及靠港检修或某些船舶靠港停泊时，可以用陆地的电源来供电，称为“岸电”。接岸电时，陆地电源通过电缆接到位于主甲板层的岸电箱，岸电箱一般由岸电电源指示灯、断路器或开关加熔断器、岸电接线柱、相序指示灯（或负序继电器）等组成。换接岸电的操作是在主配电板上进行的，在主配电板上除岸电开关外，还设有岸电指示灯，指示岸电箱已合闸。

（一）接岸电注意事项

①接岸电时，岸电与船电的电流种类应一致。

②接岸电时，岸电的额定频率、额定电压应与船电一致。

③当岸电为三相四线制时，应将岸电的中性线接在岸电箱上接船体的接线柱上。只有船体与岸电中性线相连后，才可接通岸电。

④合上岸电箱上开关，只有当岸电相序与船电相序一致时才可到主配电板前进行转接岸电操作。

⑤船舶接岸电时严禁船舶发电机合闸供电，只有在岸电切除后发电机才可合闸供电，两者不可能同时合闸。

（二）换接岸电操作方法

①进厂坞修时，将岸上电力电缆接在岸电箱的岸电接线柱上，合上岸电开关，岸电电源指示灯亮（一般由船厂人员承担）。

②在船电供电情况下合上岸电箱上开关。由岸电箱上相序测定器指示岸电与船电间相序，当两个指示灯的亮暗关系与岸电箱上标志一致时，说明岸电相序与船电相序一致；否则即相序不一致。若为负序继电器，则当相序不一致时，岸电箱的开关合上即跳闸。

③在主配电板前，当岸电指示器表明岸电已通电时，分断发电机主开关，电网失电后立即合上岸电开关，此时船舶电网已换接成岸电供电。

（三）相序测定器工作原理

相序测定器电路的三相负载是不对称的。当接电容的一相设定为R相时，则灯较亮的一相为S相，灯较暗的一相为T相。

除相序测定器外，负序（逆序）继电器也是一种检测电网相序的装置，当岸电相序正确、三相电压对称时，负序继电器的输出电压为0V，岸电箱开关可以合闸供电，当相序不一致或断一相线时，负序继电器有电压输出，岸电箱开关就合不上闸。负序继电器是用来防止接岸电时，相序接错或一相断线形成电动机单相运行的继电保护装置。

第五章 船舶自动化电站与自动舵控制

船舶自动化电站控制系统的主要任务是保证船舶电站供电的安全可靠和改善劳动条件，提高电站运行的经济性。现代船舶都装有舵及其拖动装置，它是用来改变船舶的方向，保证船舶按预定航向作直线或曲线航行的。本章将详细解读船舶自动化电站功能，并重点分析船舶舵机装置及其自动控制。①

第一节 船舶自动化电站的基本功能概述

若一个船舶的电站由多台机组组成，并且以并联的方式运行，那么电站需要实现自动化控制，而且所有自动功能的模块都要有机地联系在一起形成一个能够进行总体控制的系统。该系统需要全面收集汇流排、断路器、发电机组以及各种负载的参数及信息，并且对这些收集到的数据进行精准的判断和分析，能够自动按程度采取必要的措施，对电站运行过程中可能出现的故障和问题做出处理，促使船舶电力系统能够经济、可靠、安全地运行。②

船舶自动化电站包括以下功能。

（1）发电机组操作方式的转换

在实现自动化管理的船舶电站中，所有的发电机组都应当具备三个操作方式：一是机旁操作方式；二是遥控操作方式；三是自动操作方式。机旁操作是最佳的操作方式，遥控操作次之，自动操作再次。只有发电机组的操作方式被确定为“自动”后，它才能被纳入总的操作系统之中。一旦出现故障，发电机组应当能够自动脱离“退出自动”的状态，在人工排除故障并进行复位之前，不能进入“自动”状态。

（2）发电机组的自动启动

在接收到电机启动的相关信号后，原本处于停机状态的发电机组应当能

① 郑华耀，赵殿礼，吴庚申．船舶电气设备及系统［M］．大连：大连海事大学出版社，2005.

② 崔守娟，栾荣华，张萍华．船舶电站自动化系统的抗干扰分析［J］．农业装备技术，2016，42（6）：45-47.

够自动启动。

（3）自动准同步并车

自动准同步并车装置接到合闸指令后，就自动进入并车程序，通过升速（或减速）控制使待并发电机组频率高于电网频率，待并发电机组频率保持在 0.1 ～ 0.5Hz 范围内，再进行待并发电机组与电网相位差检测，当相位差角 $\delta < \pm 10^{\circ}$ 时，发出超前时间为 0 ～ 1s 的合闸信号，使待并发电机组投入电网运行。

（4）自动恒频及有功功率自动分配

两台发电机组在并联的状态下运行时，相关的调频调载装置应当处于启动状态，以便配合原动机的调速器，维持电网频率的恒定，电网频率波动所产生的偏差应当在 ±0.25Hz 以内，并且两台发电机组能够按照各自的容量承担电网中的有功功率。

（5）自动恒压及无功功率自动分配

保持电网电压恒定的任务由励磁自动调节装置来承担，单机运行以及并联运行，电网电压都应当维持在 $\pm 2.5\% U_N$（U_N 为发电机输出的额定电压）之间，并且这一调节装置还需要具备一个功能，那就是对发电机组的无功功率分配进行调速，使其分担的比例和方式更加合理。

（6）自动分级卸载

若电网的负载超过了额定的负载，需要将次要负载卸掉，这个过程可以是一次性卸掉，也可以通过二次卸掉。

（7）重载询问

若有大的负载需要加以启动，需要先了解发电机组的功率贮备是否能够满足需要。若无法满足大负载的启动，则要先启动备用的发电机组，完成并车后，再将需要启动的大负载接入电网之中。

（8）重要负载分级启动

一旦船舶因为出现故障而失电，再次获得供电后，电网的负载会大批量启动，这时设备很容易受到电流的冲击，严重时有可能导致发电机组的空气断路器再次出现跳闸情况。为了避免出现这一问题，实现自动化控制的船舶电站应当做到，重要的负载在失电又获电的情况下，实行分级启动。启动的顺序依据紧急情况下各种负载的重要程度来设置，重要的应先启动，同时还需要根据启动电源的大与小进行分组，再设置好相应的程序让这些负载逐级按顺序启动，每一级设备启动的时间间隔保持在 3 ～ 6s。

（9）自动解列

自动解列装置接到解列指令后，进入解列程序，此时如电网总负载功率大于在网发电机组的 85%P_N（P_N 为发电机组输出的额定有功功率），则自动取消解列指令；反之则进入负载转移控制，当负载功率转移到 10%P_N 以下时，延时 1min 后发出分闸信号，解列成功。若在负载转移过程中，在网发电机组的负载功率大于 85%P_N 时，自动取消解列指令，重新进入原来的调频调载工况。

（10）巡回检测及保护

为了便于控制电站的运行情况，通常会在电站中安装自动控制装置。自动控制装置通过传感器来对各种参数进行持续的监测，并通过数字显示监测结果，记录相关数据；一旦发现异常，自动发出警报；同时能够自动通过自动控制设备或计算机去控制相关的设备，或停止设备的运行。以下是柴油发电机组保护、检测和报警的内容。

①对于柴油机：零转速、点火转速、中速运行、额定转速；润滑油压力低和过低；冷却水出口温度高和过高；各缸排烟温度；柴油机运行时数累计等。

②对于发电机：电压、频率、功率、电流、功率因数；空气断路器的储能、合闸、断开。

③对于电网：汇流排电压、短路、绝缘状态。

④对系统状态及工作过程的监视与指示：原动机的预热、预润滑；启动空气压力；运行控制方式选择；正在启动，启动成功或失败；正在停机过程中，停机成功或失败；发电机组完车以及控制系统的工作电源；等等。

自动化电站控制系统的每一功能单元都有相对的独立性，由总体控制系统将各部分工作有机地协调起来，在系统的安排上，应充分利用各功能单元的独立性，使系统更加灵活。例如，当某部分出现故障时，仍可利用其他单元实现局部自动化或半自动化。

第二节 船舶自动化电站解读

一、船舶发电机组的启动与停机

（一）备用发电机组的自动启动

船舶电站中主发电机组一般都采用互为备用的原则。发电机组可供备用的条件应当是燃油、压缩空气备好，有预热和预润滑，无阻塞，并且操作选择开关置于“自动”位置。当同时满足这些条件时，则认为发电机组已进入“备好”状态。

1. 启动前的预润滑

在船舶自动化电站中，处于备用状态的发电机组都具有滑油循环系统。这些滑油循环系统包括的设备主要有管路、润滑油泵、冷却器以及过滤器等。这一循环系统在运行的过程中，能够产生出滑油压力，令自身的滑油得以循环，能够润滑到需要润滑的部位。若发电机组停止运行，那么滑油循环系统也会随之停止工作。所以，电机停机的时间如果较长，那么在启动之前，需要先进行预润滑，以避免电机在正式启动后，一些相互接触的部位未能得到充分的润滑，出现干摩擦的现象。预润滑的方式主要包括非周期性的预润滑，周期性的预润滑，一次性注入式的润滑等。

所谓周期性的自动预润滑指的是，除了原有的柴油机滑油泵之外，再增设一台电动油泵，将其当作润滑油循环系统中的第二动力源。其中，电动油泵可以采取自动化控制，一旦柴油机停止转动，电动油泵就开始进入工作状态，并且定时相应的工作时间，令预润滑可以按周期定时进行，随时为机组的启动做好准备工作；而一旦柴油机开始工作，用于控制电动油泵预润滑的电源会被立即切断，由柴油机滑油泵自动润滑。

对于非周期性预润滑，只要发电机组一停，预润滑油泵就开始泵油，直至发电机组启动成功，预润滑油泵才停止运行。

所谓一次性注入式预润滑指的是，将柱塞式的滑油泵接入柴油机的润滑系统之中，并在其中将滑油储满。一旦启动的指令发出，压缩空气便对柱塞式油泵产生作用，推动机器上的活塞，将滑油泵中的滑油注入指定的润滑部位，然后才开始启动柴油机。

2. 预热（暖机）

在启动成功后，柴油机将运行在略高于最低稳定转速上（该转速被称为点火转速），之后再予以升速。

一般为了减少热应力，让机器先在中速下运行一段时间进行预热，预热所需时间依机型和辅机冷却系统的设计而不同。船舶的自动电站中，所有柴油机的冷却淡水管会被组成一个整体。备用发电机的冷却系统当中也有冷却水循环，冷却水的温度通常为65℃左右。这些备用发电机组一直保持着预热的状态，以便于这些机器启动后，能够以最快的速度达到额定值并投入正常运行，这对于增强自动化电站的功能，保证供电连续性、可靠性是很有帮助的。

3. 功能

备用发电机组自动启动控制装置必须具有以下功能。

①应有“自动”“机旁”“遥控”操作方式的转换，并能满足“机旁”

优先于“遥控”，“遥控”优先于“自动”。“优先”是当转换开关置于“自动”时，也应能做“遥控”或“机旁”操作；置于“遥控”时，也可实现“机旁”操作，但不能有“自动”的功能；置于“机旁”时，“自动”及“遥控”功能均被取消。

②对自动启动的各种准备工作进行逻辑判断和监视。

③当启动的相关指令发出后，柴油机能够及时接收。柴油机的滑油压以及转速达到额定值后，会有信号提示机器启动成功。

④当一个启动的指令发出后，可以尝试三次启动。如果三次都未启动成功，则应发出启动失败的相关信号，并且失败的信号也应同时传递给逻辑控制单元，以便于总体的逻辑控制单元做出相应的判断，并及时采取有效的措施。

⑤适当控制启动时的给油量，柴油机自行发火后，应切断启动动力源。

⑥“中速运行”和“加速”控制。

⑦当机器的转速达到额定值的90%，就可判断为启动加速已经完成，这时，预润滑系统应当自动切断。在额定的延时之后，滑油压力装置的监控系统应该开始投入工作。这样做的原因在于，滑油泵形成预定的油压还需要消耗一定的时间。启动初期，油压还无法立即达到预定的数值，这属于正常现象。如果监视系统未能延时接入，机器会立即开始报警，发出滑油压力过低的信号，这种报警是不必要的，而且有可能引发自动停机。但是，柴油机上的其他监视控制系统则无须作延时处理。

⑧具有超速保护。如果机器的转速超过了额定值的15%，停机处理延时2～3s后进行，并且应有报警信号发出，柴油机将被禁止再次进行启动。

⑨若柴油机是因为自身的原因而导致停机的，则发现的信号应当为“阻塞”，并且发出光源或声源类的报警，自身故障通常包括冷却水的温度过高，机器启动失败，转速超出额定值，滑油的压力过低，排烟的温度过高等。经人工将故障排除后，阻塞需要手动解除，机器才能恢复原有的自动功能。

⑩具有自动启动和停机功能的控制器，有着模拟试验的相关功能。在保持机器的原始状态不变的情况下，管理者可以对机器是否处于正常工作的状态进行检查。指示灯和组合开关可以完成这一检查过程。

4. 启动条件

当出现下述任一条件时，自动控制系统就应发出“增机指令”，启动备用发电机组。

①经延时判断，确认运行发电机组重载。

②运行发电机组的滑油压力低。

③运行发电机组冷却水出口温度高。

④电网突然断电。

⑤经重载询问，储备容量不够。

⑥正要启动的备用发电机组阻塞。

⑦备用发电机组启动失败或合闸失败。

（二）运行发电机组的自动解列与停机

1. 发电机组的解列

对于两台或两台以上在并联状态下运行的机器来说，如果电网的负荷下降，达到可关停其中一台发电机组的程度，那么，管理系统应当能够自动将“解列”的指令传达给机器；或者其中一台机器遇故障运行出现异常时，控制系统应当先向备用的发电机组发出指令，将其启动，并车完成后将负载进行转移，再发出解列指令，利用调频调载装置将需要停机接受检查的发电机组的负载向其他发电机组进行转移。这些程序完成后，对该发电机组的空气断路器进行分闸处理。

当船舶电力系统因负荷降低，需要解列其中一台发电机组时，为了使所有发电机组的运行时数保持基本一致，最佳选择是对先投入运行的发电机组进行解列。

对于运行中的某台发电机组因发生运行异常情况的解列指令，为了保持供电不被中断，可以将设备运行异常的信号分为两个等级：一级为预报，另一级用于保护装置的运作。第一级预报信号可以用于备用发电机组的启动信号，等备用发电机组完成启动和并车，再对出现问题的发电机组进行解列。这种情况基于出现问题的发电机组还能坚持运行到这些操作完成，这段时间是否能够坚持运行，取决于两方面的因素：第一，备用发电机组启动时间、加速时间、并车时间、负载转移时间的总长度；第二，机器出现的故障发展的速度。若这种问题发展到保护装置所额定的极限时，并车尚未完成，那么保护装置的运作会导致电网失电。

2. 运行发电机组的停机

要想令柴油机停止运作，只需将提供给机器的燃油切断，发电机便会自动停止。但是，机器的种类不同，停机也会有不同的要求。一些柴油机的性能不允许突然出现停电的状况，而是需要在中等速度下运行 180s，等到机器的温度有所下降，才能停止供油并完成停机的操作。

（三）重载询问的功用及基本原理

重载询问就是大功率负载投入电网时，必须首先判断电网中的功率是否允许直接进入。列入大功率负载管理的负载，是指在任何船舶工况下偶然使用的大功率负载，如压载泵、消防泵等。对有特大负载的船舶，当特大负载请求时，可能会有要增加两台备用发电机组的请求，如集装箱船上的侧推器等。

在大功率负载启动箱上，按下启动按钮，这一启动信号没被送入控制箱内的控制电路，而被送入自动化电站管理系统中。管理系统判断是否有必要启动备用发电机组，只有在电网上功率余量足够时，才由管理系统发出启动这一大功率负载的指令，此大功率负载才投入运行。

1. 发出是否允许启动的信号

纳入重载询问功能控制的电动机的功率用 P_S 表示，各运行发电机的功率余量（剩余功率）总和用 P_m 表示，启动询问时控制系统将 P_S 与 P_m 进行比较，然后向该电动机启动器发出是否允许启动的信号。

当 $P_S \geqslant P_m$ 时，这表示电网有足够的功率余量，允许该电动机启动，相应的允许启动信号触点接通，此时按下该启动器的启动按钮，电动机就可以启动。

当 $P_S < P_m$ 时，这表示电网的功率余量不足，不允许该电动机启动，相应的允许启动信号触点断开，此时按该启动器的启动按钮，电动机不会启动（这就是启动闭锁）。这时控制系统自动启动一台或更多台备用发电机投入电网运行，然后发出允许启动信号。

2. 确定投入运行的发电机台数

控制系统接到启动请求并比较 P_S 和 P_m 后，如果得出要启动备用发电机组投入运行，究竟是启动一台还是更多台，有的管理系统还可以做进一步判断。

当第一台备用发电机启动投入运行后，电网的功率余量增加了这台发电机的额定功率 P_{g1}，现以 P_{SS} 表示预期功率余量，则有 $P_{SS} = P_S + P_{g1}$，再用预期功率余量 P_{SS} 与 P_m 相比较。

当 $P_{SS} \geqslant P_m$ 时，这表示电网已有足够的功率余量。允许该电动机启动，相应的允许启动信号触点接通，此时按下该启动器的启动按钮，电动机就可以启动。

当 $P_{SS} < P_m$ 时，这表示电网的功率余量还是不足，应再启动一台备用发电机组。

3. 启动器启动询问原理分析

启动器启动询问原理分析如下。在原来的启动线路中串入“允许启动”

触点，这对触点可以直接采用，也可以是通过继电器扩展的。考虑到一般自动控制系统只输出一对触点，所以在启动器中设一个扩展继电器。启动按钮有两对常开触点，一对用于启动，一对用于启动询问。当询问选择开关置于“询问”位时，按下启动按钮，启动线路因线圈未接通，接触器无动作；询问线路接通，向自动控制系统发出启动询问。允许启动时，自动控制系统的相应输出触点闭合，线圈得电动作，指示灯亮，表示可以启动，再按下启动按钮，电动机启动运转。同时接触器的辅助常闭触点动作断开询问线路，避免在运行的情况下再次询问。

4. 重载启动询问信号的处理

启动询问是在启动运行之前的操作，重载启动询问信号只是一对触点，没有具体数量，因此需要把触点信号转换成可以比较的数量信号，然后进行比较，判断是 $P_S \geqslant P_m$ 还是 $P_S < P_m$。

（1）模拟运算

当启动备用发电机的指令发出后，自动控制系统首先要对发电机运行所需要的额定功率总和进行计算，并且要计算发电机组实际的负载功率之和，同时还要计算发电机以及电网功率的实际余量。

有模拟运算功能的所有启动器都有一个用于询问的按钮，这个按钮都有一个特定的功率值，控制系统会按照这些按钮所对应的电动机的功率，来为其设定模拟的功率值。在发出启动询问时，这些模拟的功率值会被调出用于比较。比较的方法主要有两种：一种是将通过测量得到的电网功率余量同这些模拟的功率值进行比较；另一种是将模拟功率视为实际负载功率，加入综合系统当中，测算出模拟的实际负载功率，将此功率同设定的功率值进行比较。第一种方法的优点是比较经济，第二种方法的优点是比较可靠。

（2）负载限定

在实际操作时，船舶的电站都会在一台发电机组正在运行的情况下，去询问另一台启动与否，同时也很少有大功率的电动机需要进行启动询问，而几台大功率的电动机同时进行启动询问的情况更为罕见。有的船舶电站会通过对发电机的负载进行限定，来实现询问功能的启动。这些所谓的负载并不是对发电机的负载做出限定，而是在此限定值以下就允许发电机启动，而如果负载值在这个限定值以上，则不允许发电机启动，只有在备用发电机组投入后才允许启动。

（3）运行台数判别

有些船舶选用的大功率电动机的容量几乎达到发电机容量的 50% 左右，

必须在两台发电机并联运行工况下才允许这些电动机启动，启动询问可以判别是一台发电机运行还是两台发电机并联运行。询问信号输入时如果是一台发电机运行，则需启动备用发电机组投入并联运行后才允许电动机启动。

（4）启动询问的功率值。

预告设定的船舶电网的负载余量，对需要进行启动询问的电动机的难易起着决定性的作用。若电动机的负载比电网负载余量要小，那么备用发电机组有可能被启动，也不会导致分级卸载出现跳闸情况；若电动机的负载比电网负载大时，应当被纳入启动询问范围内。

（四）发电机组自动顺序启动

船舶的自动化电站需要对备用发电机组设置好它们的启动顺序，这种顺序通常会在控制系统中预先设置好，然后按照机器的编号循环启动。在电站中有三台发电机组的情况下，需要增机的情况有以下几种：

①单机运行不正常或重载，要求增机，按顺序启动下一台；

②单机运行，突然跳闸，电网失电，启动下一台；

③单机运行，要求增机，一旦第一备用机组“阻塞”，或启动、合闸失败增机指令应递续给最后的一台；

④并联运行，要求增机，则启动最后一台备用发电机组。

上述③、④两种情况发生时，则是系统的发电机组“已经用完”，故自动电站还应设置监视“系统用完”的信号指示电路，以便引起管理人员的注意。

二、交流发电机的自动并车

为了兼顾船舶供电系统的经济性以及可靠性，通常船舶电站的主电源都会有两台或两台以上的发电机组，并且这些发电机组可同步发电。按照船舶的运行情况以及需要的不同电量，这些发电机可以单机运作，也可以有两台或三台机组同时以并联的状态发电。发电机等待投入电网参与并联发电的操作过程叫作并车。并车有以下两个基本的操作要求：一是并车过程中形成的冲击电流必须在允许的数值之内；二是备用发电机一旦投入电网运行，要能迅速与其他设备保持同步。

（一）自动准同步并车的条件

船舶同步发电机并联运行时，待并发电机组与运行发电机组之间必须满足如下条件：

①待并发电机组的相序与运行发电机组（或电网）的相序一致；

②待并发电机组的电压与运行发电机组（或电网）的电压有效值相等；

③待并发电机组电压的初相位与运行发电机组（或电网）电压的初相位相同；

④待并发电机组电压的频率与运行发电机组（或电网）电压的频率大小相等。

在安装发动机之前，都会测定电网的相序以及发电机的相序，使得相序一致的条件得到了保证。并车的操作过程实际上就是对待并发电机组进行检测和调整的过程。检测的主要内容是发电机组的频率是否正常，电压是否正常，初相位是否正常。待并发电机组一旦符合基本条件，主开关即刻会合闸，发电机组便正式投入电网运行，而且并车是不会产生冲击电流的，完成并车后的发电机组能够在电网中稳步运行。

并联运行对原动机的要求如下。

①原动机必须有相同而均匀的角速度。原动机角速度不同将引起并联运行机组的频率不同而产生振荡；另外，如果转速不均匀，也同样会引起振荡。

②原动机具有合适的有差特性的速度变化率。要想让发电机在并联的状态下稳定地运行，一旦电网中的负荷出现变动，并联运行中的所有发电机，需要根据各自的容量来分担这些负荷的变量。如果按照理想的状态，所有发电机原动机的速率则应该保持相同的变化率。实际上调速特性总会有微小的差异，因此要求其速度变化率要合适。

③原动机调速器的灵敏度要适当。调速器若出现灵敏度过高的情况，负荷略微有些波动，速度就会发生变化，并联发电机组之间就会出现功率的接收关系，此时需要对原动机的输入功率做出调整，负荷的分配就会出现不稳定的情况，从而导致振荡的出现；调速器若出现灵敏度过低的情况，调节速度相应也会过于迟缓，原动机的变化率会出现瞬时过大的状况，这也是不利的。

（二）自动并车的环节及功能

能够完成手动准同步并车操作的全部逻辑程序的自动装置就叫作自动准同步并车装置。通常自动准同步并车装置的控制方案有两类，即模拟控制和数字控制。目前数字控制式自动准同步并车装置在船舶电站中应用得越来越多。

1. 自动并车装置的基本功能

①可以对待并网的发电机以及正在运行的发电机的频率差、相位差、电压差进行检测，不论哪种条件未能达成并车的标准，都应当实施闭锁，阻止合闸指令的发出。

②可以对待并网的发电机和正在运行的发电机的电压的频率差进行检测，按照频差的方向以及大小向待并网的发电机发出频率调整的信号，促使待并网的发电机的频率尽可能接近运行中的发电机，令频差尽可能缩小，为合闸创造必要的条件。

③发电机的频率差以及电压差都应在额定的范围之内。因为发电机空气断路器固定需要一定的动作时间，所以合闸的指令要提前发出，这样才能保证并车的同步进行。

自动并车装置通常由三个部分组成：一是调速和同步检测装置；二是调压装置；三是合闸装置。船舶发电机在并车的过程中，对其自励恒压装置的精度有着一定的要求，目前这个标准基本都能达到。因此，并车专用装置并不需要再进行自动调压，只有电压闭锁环节。

2. 自动并车装置的基本环节

自动并车装置主要由差频电压形成环节、频差方向鉴别及调速脉冲控制电路、获取恒定超前相角或超前时间信号的环节、允许合闸频差检测环节、允许电压差检测及合闸“与门”环节等构成。

（1）差频电压及其获得

所谓差频电压，就是待并发电机电压频率与电网电压频率不一致但差值不大，电压的幅值相等或接近相等时，这两个交流电压的差。这个差又称为“频差电压”或“脉动电压”。由于自动并车装置要利用差频电压的特性进行工作，因此需要设置差频电压形成环节。直接通过电压合成得到差频正弦波电压的方法，虽然电路简单可靠，但也有一个较大的缺点，即当两个电压不相等时，差频电压也不等于零，而等于电压差，它将影响并车装置的检测，因并车时，很难做到电压完全相等，因此，该方法降低了装置的可靠性。为了克服这一缺点，把电压合成改为相位比较，由此得出的差频波（如采用差频锯齿波、差频三角波、差频梯形波等）与电压幅值大小的关系就比较小。

（2）频差方向鉴别及调速脉冲控制

频差方向鉴别及调速脉冲控制对待并侧的发电机进行速度调节（调频操作），使待并侧的频率与电网侧一致。自动速度匹配调节部分主要由频差符号鉴别和调速控制电路组成。

输入信号为电网侧电压和待并侧（发电机）电压，输出为升速或降速信号。如果采用液压调速器，则输出控制原动机调速器的伺服机构；如果采用电子调速器，则输出控制它的电动电位器。

频差符号鉴别是用待并发电机频率 f_b 与电网频率 f_g 进行比较，当 $f_g < f_b$，

为负频差，向待并发电机发出升速指令；$f_g > f_b$，为正频差，向待并发电机发出降速指令。频差越小，周期越长。

原动机速度从原来的值转换到新的指定的值，会有一段响应的时间。断续调节需要通过手动的方式来调节。设备操作者要对调速开关进行“点动”式的扳动，需要发电机的转速出现变化后再扳动调速开关。脉冲断续调节的方法还可用于对速度的匹配调节。

断续调节指的是将输出调速的触点做一段时间的闭合，保持一定的时间之后，再按原程序重复一遍操作。调节周期由间隔时间以及脉冲宽度构成。频差的变化带动着调节周期的变化，这样不仅能够令匹配调节的时间被缩短，而且还能避免出现振荡。

同一时间只允许一台发电机组进行同步并联操作，同步合闸成功，自动装置即退出。电站中各台发电机组可以通过转换共用一台自动同步装置，也可以各自配置，单独使用。

（3）恒定超前相角或超前时间信号获取

当差频电压为0，由于主开关在接到合闸信号到主触头闭合需要一定的动作时间（也称固有动作时间），要使主开关在相角差为0时闭合，就必须提前某一个相角或者提前某一个时间发出合闸信号，提前的相角或者提前的时间要求等于主开关的固有动作时间。于是有两种投入信号的超前量：“恒定超前时间”和“恒定超前相角”。

采用恒定超前时间的并车装置应该保证在给定的超前时间内发出合闸信号，此时超前时间是恒定的，在差频发生变化的情况下，并车装置的电机合闸信号需要在不同的超前相角下发出。要想避免合闸时可能出现的误差，就必须保证超前的时间同主开关的动作相一致，这时冲击电流通常是最小的。

采用恒定超前相角的并车装置应该保证在给定的超前相角下发出合闸信号，此时超前相角是恒定的，超前时间不是恒定值，而是随着发电机的差频不同而变化。在并车的一瞬间，此种并车装置的差频很难与计算整定的差额完全一致，此时合闸就会存在相角误差，也就是装置合闸存在误差，所形成的冲击电流就会较大。

（4）允许合闸频差检测

需要在恒定超前相角时或者恒定超前时间内发出信号操作合闸，此时如果待并网的发电机所具有的频率与要求不相符，也就是频差过大，那么主开关是不允许进行合闸的。因为只有频差在额定的范围内，空气断路器才能合闸，需要由合闸频差的检测电路来完成这一控制任务，即当频差大于允许频差时，不允许合闸。

（5）允许电压差检测及合闸

自动检测发电机的电压是否符合要求，当电压差值超过允许值时，不允许合闸信号输出，起闭锁作用，而当电压差在允许值之内时，则开放合闸通道，在其他两个条件满足的情况下，输出合闸信号。

（6）合闸“与门”电路

合闸“与门”电路一般由一只三端“与门”电路组成。在相位、频差、电压差三个条件（三端“与门”）同时满足时，就送出合闸信号，主开关立即合闸。只要其中之一不满足，就不允许输出合闸信号。

由于船舶电站容量较小，频率又经常波动，为了保证发电机合闸的快速性，如有快速投入的开关配合就可在尽可能大的频差下合闸。实践中最大允许合闸频差为 0.3 ～ 0.5Hz 时，能满足快速投入的要求。如果电网电压和频率因负载的波动而剧烈波动，这时，若一定要在频差很小时合闸，就需要做长时间的调节，使得整步时间过长，甚至无法合闸。但如果允许的频差选得过大，也会使发电机空气断路器合闸后无法拉入同步。因此，为了使发电机空气断路器能既快速又可靠地合闸，就希望在发电机空气断路器合闸后能可靠地拉入同步的前提下，尽可能放宽允许合闸的频差。

3. 自动并车装置的附加功能

（1）单机投入

运行的发电机组空气断路器因出现故障跳闸，电网上无电压。电站在自动运行的情况下，备用发电机组启动，发电机建压，通过自动同步装置合上断路器，把发电机投入运行。这时电网上无电压，无法也不必要进行同步操作。

用于自动电站的自动同步装置通常附加“单机投入”功能。在电网无电压（低于 15%）和（或）所有发电机空气断路器都断开的情况下，直接发出合闸指令。

（2）允许同步操作时限

在异常的情况下自动装置有可能发不出合闸指令，如装置有故障或机组运行不稳定，无法寻觅同步投入条件或者合闸电路有故障不能合闸。在无人值班的自动工作条件下，装置的工作时间要加以限制，这就是“允许同步操作时限”功能。装置投入工作后，在允许的时间内如果空气断路器不能合闸，则自动退出工作，发出报警召唤值班人员处理。这段时限一般可整定在 60s 左右。

（3）电压差超限报警

船舶的电站通常采用的是自动同步装置，这种装置只能根据电压差实施闭锁功能，而没有相应的调压功能，也就是无法自动对电压进行匹配。若电压差超出整定值，那么就会被禁止发出合闸的指令。但是只有在动态的情况下，这种功能才能发挥其应有的意义。当电网的电压发生波动导致电压差超出额定值时，会自动闭锁合闸的指令；在处于静态时，因为待并网发电机以及正在运行的发电机的电压速写出现问题，导致电压差超出额定值，合闸指令无法发出，电压又无法改变，此时再进行自动化的同步操作已无任何意义，需要做的只是将警报发出，提醒工作人员前来进行人工处置。通常电压差超限的报警可以设置为10%左右。

（4）外部故障检测

自动同步装置用时很短，大多数时间是处于不工作状态的。经验告诉人们，有些电子装置的故障多出现在刚投入和退出工作时。一种故障是不输出任何信号；另一种是误发操作信号。前者并不会引起事故，由“允许同步操作时限”鉴别；后者有可能酿成事故。较简单实用的检测方法是采用内部与外部电路相结合的方式。

信号由三个操作输出（继电器）信号的常闭触点串联组成，内部发出，外部检测。检测是在装置刚投入工作时运行，如果装置一投入工作就发出操作信号，串联电路断开，作为内部故障输出：外部检测到电路断开作为内部故障处理。

（5）呆滞扰动

自动并车装置采用以“频差周期为调节周期”的自动调速电路，调速信号是在相角重合时发出的。调速操作有可能调节使得频差很小，出现相角无法重合的呆滞现象。

“呆滞扰动”功能是在出现呆滞现象时发出一个扰动调速信号（通常是升速信号），增加频差以加大相角重合机会。

（6）正频差投入

不论是从负频差进入相角重合，还是从正频差进入相角重合，只要与同步条件相符，合闸的指令都被允许发出。不同之处在于：发电机中被投入正频差，会带上一些负载；而发电机中被投入负频差，发电机可能会出现逆功率的相关状态。瞬间投入的频差大小决定着逆功率的值和负载的程度，发电机的频差越大，出入其中的功率就越多。

船舶电站中的发电机如果容量较小，在运行的过程中容易出现负载的波动，从而导致整个电网的频率发生波动。若频率差被整定得较小，同步的条件就较难达到，投入的概率也会减小，进行同步操作所消耗的时间就会加长；若频率差被整定得较大，同步的条件就容易达成，进行同步操作所消耗的时间就会缩短。显然采用后一种方式较好，但这种方式也存在一定的问题：因为投入是在负频差的情况下进行的，逆功率就会较大。如果负载平衡得不到及时的调节，那么逆功率的相关保护功能可能就会发挥作用，导致空气断路器出现跳闸的情况，使发电机从并联状态中退出。

考虑到上述情况，有的设计对自动同步装置提出附加“正频差投入”功能。这一功能由装置内部电路实现，与外部电路无关。在调试时要注意，具有这种功能的装置，只有在正频差的情况下才会发出合闸指令。

较合理的设计是采用两种频差限制。例如，赛科公司制造的自动同步装置就具有这种功能。正频差投入时频率差限制范围是按整定频差的 1/2，因为正、负频差都有投入机会，如果按负频差投入，则要求整定频差限制范围要小。

（7）系统频率输出

在船舶电站中，对轴带发电机进行同步操作，这时在母线上运行的可能是一台发电机，也可能是几台并联运行着的发电机。如果轴带发电机以额定转速运行，又不向配电板提供调速手段，或者即使提供，考虑到主机对调速操作的响应是很缓慢的，即从一个转速调节到另一个转速需等待较长的时间，因此对轴带发电机进行同步调速操作时，调速操作一般作用于运行在母线上的发电机。为此，有的厂商（如赛科公司）在同步装置中提供系统频率输出。操作时，把轴发电压作为系统电压输入自动同步装置，装置输出系统频率则为轴发频率。

自动准同步装置一般有两种设置方式：①所有发电机共用一台自动准同步装置；②各台发电机单独设置自动准同步装置。

只具有发电机并联运行自动控制的电站或只需自动准同步操作的电站，采用所有发电机共用一台自动准同步装置的设置方式。

4. 轴带发电机的同步操作

如果在电网上运行的是柴油发电机，待并的是轴带发电机，同步操作有两种控制方法：一种是轴带发电机与柴油发电机共用一台自动同步装置；另一种是轴带发电机的自动同步装置输出通过运行柴油发电机的功率分配器进行调速。轴带发电机与柴油发电机共用一台自动同步装置的同步操作原理分析如下。这里有一台轴带发电机和两台柴油发电机 G_1、G_2 接在同一电网上。自动同步装置采用赛科公司的 T4500 型自动同步装置。轴带发电机没有供发电机调速的伺服电路，同步调速操作通过引导作用在已投入电网运行的发电机上。轴带发电机作待并发电机时，它要求升速操作对运行发电机来说是降速的；反之则为升速。

两台柴油发电机同步调速操作分别由自己的引导继电器引导。轴带发电机同步操作时，引导继电器动作，如果 G_1 运行，G_1 的空气断路器合闸，轴带发电机的引导继电器和 G_1 的空气断路器的常开触点闭合，自动同步装置输出的调速信号引导到 G_1 的伺服电路；同样如果 G_2 运行，则引导到 G_2 的伺服电路。如果 G_1 和 G_2 并联运行，则两台发电机组同时同步调速。它们引导的调速方向与本身同步引导的方向相反。

（三）自动并车装置的故障诊断

自动并车装置自动完成并车过程，需要检测待并发电机组与网上的运行发电机组的电压差、频率差和相位差；并根据频差的大小和方向自动地对待并发电机组发出调频信号，使待并发电机组频率与网上的运行发电机组频率接近，减小频差，创造合闸条件。当条件符合并车要求时，发出合闸指令。因此不管是自动并车装置，还是作为自动化电站控制装置的一个单元，自动并车部分必须从外围取得电网和待并发电机组的交流电压信号，输出的信号使执行机构进行调速和合闸控制。输出调速和合闸控制信号分别与手动调速开关、手动合闸按钮并联。所以，自动并车装置发生故障时，首先检查这些输入和输出机构是否异常。检查时，启动待并发电机组，人为地把待并发电机组调低于运行机频率（约 1Hz），按下自动并车指令按钮，观察频率预调环节是否工作正常，这时，应有加速继电器动作。若没有动作，说明频率预调环节出现故障，这时检查电网和待并发电机组的交流电压信号是否有输入。若有电压信号而无输出，就需更换频率预调模块。若自动装置动作不准，造成过流或逆功率而跳闸，这时应检查合闸控制模块，着重检查并车条件检测环节和恒定越前时间或恒定越前相角捕获环节，检修方法应按电子设备检修方法来进行，较为常用的检修方法是替代法和波形法。

三、频率与有功功率的自动调节

船舶电力系统中各种有功功率与频率的关系，可分为功率与频率无直接关系的负载（如照明、电热、整流器等）；功率与频率成正比，转矩基本恒定的负载（如机床、压缩机、卷扬机等）；功率与频率的三次方成正比的负载（如吸风机、通风机等）等类型。

由于船舶专用的电力系统中，占有很大比例的是旋转机械。所以，船舶电力系统当中，频率与有功功率之间有着非常密切的关联。若电网的频率在一些因素的作用下出现下降的情况，电网当中被负载吸收的有功功率也会出现相应的下降；若电网的频率出现上升的情况，电网当中被负载吸收的有功功率也会出现上升的趋势。

若机械功率较电网负载的功率大时，船舶的电力系统就会出现频率上升的情况；若机械功率较电网负载的功率小时，船舶的电力系统就会出现频率下降的情况。若船舶上的电力系统的频率下降时，电网被总负载吸收的功率也会减少；若船舶电力系统的频率上升时，电网被总负载吸收的功率也会增加。因此，船舶电力系统一旦出现频率上的变化或功率的平衡被打破，负载的吸收功率也会发生变化，从而起到补偿的作用，在新的频率值中，系统获得另一种平衡，这就是电力系统所具有的负荷调节功能。负荷调节功能有利于对系统的频率变化做出限制，但此功能不能完全控制频率的变化。所以，发电机组仍然需要配备调速器，系统的频率才能在额定的范围内产生变化。

频率（转速）变化的主要原因是系统中有功功率不平衡，当原动机输出功率与发电机功率相等时，不引起原动机的加速或减速，发电机组处于稳定运行状态；当原动机输出功率小于发电机功率时，原动机会减速；当原动机输出功率大于发电机功率时，原动机会加速。若几台发电机组并联运行，总有功负载的变化，不仅会引起频率的变化，而且还会引起发电机组之间有功功率的重新分配。

《钢质海船入级规范》对频率（转速）和功率调节的要求：“带动发电机的柴油机须装有调速器。当加上或卸去最大梯级功率时，电网的瞬时频率变化率应不大于额定频率的 10%，恢复到稳态的时间不超过 5s；当突然卸去额定功率时，瞬时调速率不大于额定转速的 10%，稳定调速率不大于额定转速的 5%；在空负荷状态下突然加上 50% 的额定功率，稳定后再加上余下的 50% 额定功率时，其瞬时调速率不大于额定转速的 10%，稳定调速率不大于额定转速的 5%；稳定时间（即转速恢复到波动率为 ±1% 范围的时间）不超过 5s。”

《钢质海船入级规范》对有功功率分配的要求：“并联运行的各交流发电机组均应能稳定运行，且当负载在总额定负载的 20% ～ 100% 范围内变化时，各机组所承担的有功负载与总负载按机组定额比例分配值之差，应不超过下列数值中的较小者：①最大机组额定有功功率的 ±15%；②最小机组额定有功功率的 ±25%。”

（一）双脉冲电液调速系统

发电机组调速系统是属于定值控制系统。采用机械调速器的调速系统是按转速偏差进行调节的反馈控制系统。其调节特性是比例控制的有差调节，即当有功功率增大时，所对应的原动机转速略有下降。目前，发电机组调速系统越来越多采用双脉冲调节器，它接收发电机的转速信号和发电机有功功率（主扰动量）信号，并具有良好的调速性能。双脉冲调节器由转速和功率检测环节、综合放大环节、PID 调整环节及电液转换器等四部分组成。

这种调速系统由于功差信号能参与原动机油门的控制，会降低调速过程中转速的波动范围，提高调速性能。

（二）调速器调差特性要求

船舶交流电站中由于各种原动机（蒸汽机、燃气轮机和柴油机）的设计都是按照转速的最大效率以及最大功率来进行的。一旦转速有所变化，原动机具有的效率就会降低，特别是如果当几台发电机共同在并联状态下运行时，各个机组的有功负载就会出现不均衡的状态。所以，需要经常对原动机的转速做出调整，以保证船舶电网能够维持稳定的频率，也能使有功负载被各发电机按预定比例承担。为了使电网整体有功功率平衡控制的质量有所保证，现代化的船舶上都会在电站中安装自动调频调载设备。这种设备与调速系统有着相似之处，不同之处在于：调频调载装置的控制信号是经过差别和放大的功率差与频率差共同合成的信号，然后实现对伺服的电机的控制，发电机原动机的转速是通过原动机的油门开度来进行调节的。

原动机上本身就配备有调整器，自动调频调载设备在调节过程中只需要发挥辅助作用即可。因此，自动调频调载设备并不需要频繁做出动作，对反应速度也无严格的要求。若调速器进行调速后，还有固定偏差的存在，才需要由调频调载装置来进行调节。

柴油机的转速（或频率）与柴油机输出功率之间的关系，称为调速器的调速特性，分为下倾的有差调速特性和无差调速特性。

当功率突变时，发电机组转速随时间变化的规律称为原动机的动态特性，它包括瞬时调速率、转速恢复到稳定值所需时间、调速特性的失灵区三个方面的指标。瞬时调速率要求小于 ±10%；转速恢复到稳定值所需时间要求小于 5s；转速恢复过程中不应有振荡。

每台发电机的频率、功率都会影响到发电机组之间有功功率的具体分配，并联运行的两台发电机组都具有有差调节的特性。虽然船舶电网的功率会发生一些波动，但依然能够实现有功功率的稳定和自动分配，所有发电机组都能够在稳定的状态下正常运行。但是，特性曲线会出现斜率不一致的情况，所以，功率难以完全按照容量的比例来进行分配。此时如果对两台发电机组的油门进行手动或自动调节，能使功率均匀分配，频率维持额定。

两台都为具有无差调节特性的发电机组并联运行，尽管在任何情况下电网的频率都保持不变，但还是不能稳定地并联运行。

若电网中一台发电机具有有差特性，另一台发电机具有无差特性，这两台发电机同时在并联状态下运行时，一旦功率出现变化，具备有差特性的发电机并不会发生有功功率承担量的变化，所有功率产生的变化量将由无差特性的发电机全部承担。

只有两个特性曲线保持了一致的斜率，才能保证两台发电机能够按照各自的容量来分配功率。但是，调速器总会出现一定的差异，此时若想避免电网的频率不因功率的变化而出现大的波动，并且稳定地将功率分配给各台发电机，就需要特性曲线将下降率保持在 3% ～ 5%，这样有功功率的分配偏差才能维持在 10% 以下。

船舶电网中并联运行的同步发电机的调速特性属于有差特性。尽管安装有调速器，但是如果功率出现变化，电网的频率依然会发生相应的变化。此外，因为两个发电机组难以保持调速特性的完全一致，有功功率也难以在两台发电机组间实现均衡的分配。所以，若想使有功功率得以均匀分配，使频率保持恒定，就需要再次对电网频率做出调节。若想对有功功率以及电压频率做出调速，就需要借助原动机的调速器，此时自动调频调载装置可以作为一种辅助设备。调频调载装置无法对调速器的动态性能做出改变，但是，一旦系统处于稳定状态，调速器具有有差特性，这些特性是不一致的。因此，电力系统的有功功率在分配时就会出现静差，频率也会出现静差，自动调频调载装置只能用于校正这些静态误差，通过延时的办法来促使自动调频调载装置避开系统的动态过程。一旦功率的分配以及频率出现了偏差，调速器会先根据各自的特性做出相应的调节，也就是所谓的动态调节。5s 的延时结束后，二次调节会自动进行，以消除静态误差，使船舶电力系统维持恒频均功。

自动调频调载装置有着自己基本的功能：一是将系统的频率值自动维持在额定的范围内；二是按照各发电机组的容量或其他既定的标准来分配系统功率；三是“解列”的指令一旦发出，能够对功率转移的过程进行控制。当功率值达到相应标准时，自动对断路器实行分闸。

1. 自动调频调载装置

虽然目前自动调频调载装置始终处于更新换代的过程中，品种也越来越多，但是，其原理基本相同，并且构成设备也基本一致，主要包括频率变换器、有功功率变换器、有功功率分配器以及调整器等。

（1）频率变换器

频率变换器的作用是对电网的实际频率进行检测，通过额定频率与实际频率的比较获得偏差值。因此，频率变换器又叫频率检测装置。

频率变换器将偏差变换为相应的与频差成正比的直流电压信号，这些信号将进入调整系统中用于综合比较。在并联状态下运行的所有发电机，有着共同的电网频率，所以，整套自动调频调载装置设置一个频率变换器即可。

（2）有功功率变换器

有功功率变换器是用来测量每台发电机输出的有功功率，并将它转换成与之线性相关的直流电压。

功率变换器不仅能测出每台发电机输出电压、电流的幅值，而且能测出电压、电流的相位差，由于功率变换器需测量每台发电机的有功功率，因此，每台发电机都需要一个功率变换器。

（3）有功功率分配器

为了能够均匀或按预定比例分配有功功率，会设置有功功率分配器，这属于有功功率分配的运算电路。运算环节主要由两个部分组成：①加法器；②比较放大器。运算的目的是根据整个电网所拥有的总功率来逐台计算各发电机所应承担的功率数值，并且计算这些功率数值与平均值之间的数差。

有功功率分配器会对功率的方向以及分配偏差的具体情况做出调节，并发出信号。

（4）调整器

当功率差和频率差的信号发送到调整器后，调整器可根据功率差以及频率差信号的极性和大小来输出用于调速的脉冲信号，对伺服电动机进行正转控制或反转控制，油门的开度也会受到调节，将有功功率平均分配给各发电机。所有的发电机都应安装调速器，因为需要对油门进行控制和调整。

调整器工作的特点：判别综合信号的极性，决定调速方向，调速脉冲所具有的宽度以及信号的周期需要由综合信号的大小来控制，首个调整信号需要有适当的延时，将动态的过程避开。此外，调整器还应当存在一个相对不灵敏的区域。若输入并未超出灵敏区域，调整器则不进入工作状态，以防止系统的工作过于频繁。

电力系统安装调频调载装置之后，要求功率分配的偏差与发电机预定的容量之间的差不超过 ±5% ～ ±10%，频率差不超过额定频率的 ±1%。

2. 自动调频调载方法

电网频率的自动调节和自动控制功率分配，按其工作原理可分为有差调节法、虚有差法和主调发电机法等。

（1）有差调节法

所谓有差调节法指的是，仅通过有差调速的调速器来对船舶电网的有功功率以及频率做出调速的方法。除了有差调节法之外，它再无另外的再调节过程，所以，频率的恒定值难以保持，也无法均匀分配有功功率。

（2）虚有差法

所谓虚有差法指的是，处于并联状态下运行的所有发电机，都安装有相应的控制系统，用来调速功率差和频率差。通过虚有差法的调控，电网的频率能够保持在额定的数值范围内。所以，发电机可以按照各自的容量，按比例承担电力系统的功率。尽管调速器的调差系数各不相同，但是并不会对调节结果产生影响。原因在于并联状态下运行的发电机组具备有差特性，有功功率分配能够稳定进行，系统能够对电网频率做出再次调节，使之保持恒定的状态。

（3）主调发电机法

所谓主调发电机法指的是，在并联状态下运行的发电机中，有一台安装了调频器，并且成为主调发电机。一旦电网的功率发生变化，出现了频差，主调发电机会对油门做出调节，使电网频率维持在额定范围内，并且将因功率变化而出现的量值承担下来。除主调发电机之外的其他发电机为基载发电机，它们始终在接近额定值的状态下运行。

所以，调频调载装置只用于电网频差的检测，并对主调发电机的速度进行调节，而基载发电机具备有差特性，它会对电网的频差做出一次性的整定，当电网达到预定的功率时，调频器将不再对电网进行控制。

（三）自动化调频调载装置

当两台或两台以上发电机并车运行时，由于各台柴油机的调速器的特性不能做到完全一样，因此在并车运行时，就可能出现功率承担不均（同容量而言）或不按额定功率的比例来承担，或者也不能按照某一个给定方案分配有功功率，再加上原动机的调速器为了并联的稳定性，一般都采用有差调节特性，所以在发电机组输入功率与负载功率失去平衡的情况下，使电网频率偏离额定值。

要获得电网的频差信号（由频率变换器完成），各发电机的有功功率的信号由功率变换器完成，把有功功率信号送到功率分配器，根据既定的分配方案送出功差信号给各调速器，进行加速（增加功率）或减速（减小功率）操作。自动化电站自动调频调载装置一般采用均分法（同容量发电机）或按额定值比例（不同容量）进行分配；若与废气发电机、轴带发电机并联，则一般采用主调法，即以废气发电机、轴带发电机承担基载功率，辅柴油发电机承担调节功率，以减少轻柴油消耗，达到经济运行的目的。不同的组合，就有不同的具体线路，再加上技术保密，不提供线路图、印刷电路板元件封装，这给维修工作造成很大困难。

当自动化调频调载装置或单元发生故障时，首先检查的是输入、输出机构。比如说，电网上加载了比较大的负载，频率偏离额定值比较大（大于0.5Hz），自动调频调载装置拒绝动作，这时，应该检查频率变换器，检测其输出是否有频差信号；若是微机系统，应检查电网交流电压信号送给微机的模拟量输入口的信号是否存在；若没有该交流电压信号，就得检查电压互感器；若有频差信号，应检查调速控制器的输出机构，没有发现什么问题，只能替代该发电机组的调速控制器模块。又如自动并车成功后，不能自动转移功率，首先，应检查并联运行合闸成功信号是否送给自动调频调载装置（一般是用 ACB 的常开触头闭合来提供，所以检查该触点是否闭合）；其次，应检查功率变换器是否有输出，由于待并发电机此时刚刚并入，输出信号应很小或为 0，否则就有故障；再次，检查输入信号，注意检查电流信号时，绝对不能开路，因为这是由电流互感器提供的，若要检修电流互感器应离线检查；最后，若上述这些检查都正常，应更换故障的功率变换器模块。

总之，对于这些技术保密，不知其具体线路结构的故障印刷电路板的检修方法，最有效、最快速的是更换备用板，送专业厂家检修或更换；其次，对于早期已不再生产的产品需向厂家定制，价格昂贵。因此，在有可能认清其功能（如功率变换器、频差变换器），知道输入、输出之间关系以及与上级、下级的联系（这里指信号匹配关系）的情况下，可以自行设计或利用现有等同功能的印刷电路板替代。

四、电压与无功功率的自动调节

维持供电电压的稳定是保证供电质量的主要措施之一。然而电网电压是经常变化的，船舶电网电压波动比陆上电网电压波动更为严重，其电压是否稳定取决于发电机的自动励磁调整装置（自动电压调节器）的性能。

在船舶电站的实际运行工况中，负载电流是经常变化的，因此导致发电机的输出电压也随之变化。当船舶电网电压偏离额定值而降低时，用电设备的效率会降低，偏离额定值较大时（电压下降幅度较大），运行状况会恶化，可能导致设备损坏或相关保护电器动作，使发电机跳闸而造成全船停电的严重事故。另外在同步发电机并联运行时，励磁电流的变化会影响并联运行同步发电机的无功功率的分配。

励磁控制系统是发电机的重要组成部分，它的主要任务是根据发电机的各种运行状态，维持同步发电机的端电压恒定（额定电压），合理分配发电机间的无功功率，在船舶电网发生短路故障时，具有强行励磁功能，加速短路后恢复速度，保持电力系统运行的稳定性和继电器保护装置动作的可靠性。

（一）自动励磁调整装置的基本要求

基于船舶工作环境的特殊性，对自动励磁调整装置的基本要求：简单可靠；灵敏度高而稳定；保证电压为给定水平；具有一定的强行励磁能力；合理地分配无功功率。

（1）静态和动态特性

我国《钢质海船入级规范》规定："发电机从空载至满载，功率因数保持为额定值，主发电机的静态电压变化率应在 ±2.5% 以内，应急发电机的静态电压变化率应在 ±3.5% 以内。交流发电机在负载为空载，转速为额定转速，电压接近额定值的状态下，突加或突卸 60% 的额定电流及功率因数不超过 0.4（滞后）的对称负载时，当电压跌落时，其瞬态电压值应不低于额定电压的 85%；当电压上升时，其瞬态电压值应不超过额定电压的 120%，而电压恢复到与最后稳定值相差 3% 以内所需的时间应不超过 1.5s。"

（2）强行励磁

过渡进程进行得比较迅速是电力系统的一个重要特征。若忽然出现负载的急速增加和短路的情况时，电压也会随之急剧下降。这个问题非常不利于电力系统的正常工作，对其稳定性有较大的影响。所以，为了提升电力系统动态稳定性如电动机工作稳定性、继电保护装置动作精准性和电机并联工作稳定性等，对调压器的快速操作是必不可少的要求。比较行之有效的办法之一便是运行强行励磁，即在尽量短的时间内，实现励磁系统的电流上升到额定最大值以上，这样可以让发电机的恢复速度得到较高的提升。这一方法对调压器的强行励磁能力有一定的要求。

（3）电磁兼容性

电磁兼容性指的是在预先设定的电磁环境中，电气设备进行有效运行的一种功能。不能对其他设备的正常运行产生干扰，是励磁装置的电磁兼容性的重要要求之一。

（4）自励起压性能

自励型的励磁装置需要具备自励起压性。这样才能使得发电机仅仅凭借剩余磁力就能在静止状态进行启动，并且可以快速地发出需要的电压。

（二）交流发电机电压调节特性

同步发电机端电压随无功电流变化的关系，称为发电机的电压调节特性，分为无差调压特性和有差调压特性，无差调压特性说明当调整系统处于稳定平衡状态时，被调量电压等于一个恒定的数值，差调压特性曲线说明当调整系统处于稳定平衡状态时，被调量电压是随电流变化而变化的。

被调量电压随电流而变化的程度叫作电压调差系数 K_c，它是用曲线的倾斜度来表示的，通常可整定在 5% 以内。

若 $K_c = 0$，则称同步发电机的电压调节特性为无差特性，由于无差调压特性无法获得恒定的无功分配关系，实船上一般不采用这种方式。

广泛应用在实船发电机上的调压特性曲线是下倾的一条直线，即 $K_c > 0$，称为下倾的有差特性。

（三）发电机电压调差特性的要求

讨论同步发电机组并联运行的无功功率分配，首先要建立一个概念——电网上只有一个电压。船舶上的电网一般由几套机组组成，工作时并联运行且相互独立，所有发电机共同提高合适的电压。负载电流对发电机产生电枢作用，使其产生与电网相匹配的电压。对任何一个发电机的磁力电流进行调节，都会对发电机的电势产生影响，无功负载的承担量也会发生变化，导致电网电压发生变化。

发电机进行并联工作时，不存在对无功功率进行分配的问题，其受电压调整特性曲线的影响较大。换言之，同步运行的发电机，其无功功率的分配是由励磁电流、电压调整器的自动调整和发电机电压的自动调整等实现的。所以，自动电压调整器既要对电压进行自动调整，又要对无功功率进行自动调整。

《钢质海船入级规范》对并联运行的各交流发电机组的无功功率的分配要求："并联运行的各交流发电机组均应能稳定运行，且当负载在总额定负载的 20% ～ 100% 范围内变化时，各机组所承担的无功负载与总无功负载按机组定额比例分配值之差，应不超过下列数值中的较小者：①最大机组额定无功功率的 ±10%；②最小机组额定无功功率的 ±25%。"

（1）具有无差调压特性曲线的两台发电机并联运行

两台具有无差调压特性的发电机并联运行时，因无确定的工作点，所以不能稳定地并联运行。

（2）有差和无差调压特性曲线的两台发电机并联运行

有差和无差调压特性曲线的两台发电机并联运行时，无差调节特性发电机，不管无功功率如何变化，调量电压是不变的，所以无差调压特性的作用是保持调量电压恒定。电压一定，则有差调压特性所承担的无功功率是恒定不变的，余下的无功功率由无差调压特性承担，所以有差调压特性起分配无功功率的作用，使无功功率有一定的分配关系。

要改变调量电压只要平移无差调压特性即可。平移有差调压特性可以改变无功功率的分配。因为两机间的无功功率分配关系是恒定的，所以两机可以并联运行。

船舶电站一般不采用具有有差和无差调压特性的发电机并联运行。

（3）具有有差调压特性曲线的两台发电机并联运行

当两台发电机的电压调整特性曲线都为有差特性，且其调差系数大小相同时，两台发电机的无功功率的分配关系是恒定的，且无功功率平均分配。

（四）自动分配装置的故障诊断

并联运行同步发电机的无功功率分配由发电机调压特性决定。假设是同容量机组并联，在有功功率分配（相等）平衡的前提下，无功功率分配平衡表现为电流相等、功率因数相等。

船舶配电板的发电机控制屏上的电流表指示负载电流（有功电流和无功电流），功率表指示有功功率，有功功率分配的表现可以从功率表的指示看出，发电机控制屏上一般不设无功功率表，规范要求的无功功率分配指标无法测量。船舶电站的发电机控制屏，若有功率因数表，可以通过功率因数表观察无功功率的承担情况；若无功率因数表，可以通过观察电流表的指示来了解无功功率的分配情况。需要注意的是，电流相等并不能说明无功功率分配平衡。两台发电机并联运行，产生无功环流也表现出电流相等。

（1）采用均压线连接的不可控相复励励磁装置的发电机并联运行时无功功率均衡措施

若两台同容量、同型号的发电机组并联运行，在有功功率分配相等的情况下，如果出现无功功率分配不平衡或环流，说明两台发电机的电压不相等，需要调节励磁电流使电势相等。但是，不可控相复励系统的励磁电流是既定的，一般不具备调节手段，即使设置手动调节器件，也不可能应对无功功率的变化。

基于在有功功率分配相等的情况下，要让无功功率能够平均分配的前提是要让各个发电机获得相同的电动势，而电动势受励磁电流的影响，所以可以利用均衡励磁电流的方法来平衡无功功率。直流均压和交流均压属于均衡励磁的两种方法。

励磁直流均压的前提是要求发电机的励磁绕组具有相同的型号和容量，这样才能使发电机获得相同的电动势。通过并联同时运行的发电机的励磁绕组，可以实现直流输出的并联。并联工作的发电机具有励磁绕组两端励磁电流和电压相同的特点。

励磁直流均压连接只解决有功负载分配平衡时的无功功率分配平衡问题。刚投入的发电机，有功负载接近零，励磁绕组只有接近空载所需的励磁电流。但是由于励磁均压，带载发电机的相复励输出加到刚投入发电机的励磁绕组上，使其电动势上升，吸取滞后的无功电流，带载发电机的负载电流越大，投入发电机的无功电流越大，功率因数越低，刚投入的发电机立即带上无功负载。

两台不同容量的发电机组并联运行时，把各相复励变压器的电压（一次）绕组并联起来，这种方法称为交流均压线接法。

通过连接均压线的励磁电路的交流侧，使励磁电流的无功功率获得适当的分配，并且可以并联各个发电机调压装置的移相电抗器。若各个发电机之间产生的电压有差异，可以利用均压线来平衡各个发电机的输出电压，达成均衡无功功率的目的。对于均衡无功功率来说，交流均压线具有较好的作用，均压的电流也比较小，但并车时冲击电流较大。

在直流均压线和交流均压线原理图的电路中，均压线接触器和主开关之间的关系是一种联动关系。这样做的目的是当只有一台发电机进行工作时，避免出现两台发电机的励磁电流，不然会使正在工作的发电机承担过多的励磁电流而导致电压的下降幅度较大；而且在主开关闭合时，可以让均压线进行接通，从而较大程度地减少由于电势差而造成的冲击电流。这是源于均压线接通后，等待运行的发电机的电动势往往要高于正在运行的发电机的电压，且高于的数值也非常大。

对发电机组的均压线运用并联方式进行运行的话，若出现均压连接断开的情况，会使无功分配出现非常大的不均衡。发电机组进行并联工作时，均压连接发生中断时会出现两台发电机组的功率表指示一致；而功率表指示有较大的差异或者电流表指示有较大差异，这个时候就应该对均压接触器的运行情况进行排查，看均压接触器是否通电和正常运作，以此来进行故障排查。

（2）采用可控相复励励磁装置的发电机并联运行时无功功率的均衡措施

在 AVR 励磁系统中加入自动电压调节器可以控制整个系统的运行，而且在其检测环节中加上负载电流的无功份量的功能，可以有效降低无功负载。

可控相复励励磁系统中，无功功率均衡加入调差的功能虽然有着导致电压调整率降低的缺点，但是因其提高了发电机并联工作时的稳定性，因此，运用范围也是比较广泛的。

运用调差方法的目的是，当无功电流增加的时候，电压有自动进行降低的功能，从而降低发电机的无功电流增加量，这种情况下不必考虑其他并联发电机的作用；而且一般情况下，电网的负载功率因数是确定的，负载所需的无功电流也是既定的，降低这一台发电机的电压以抑制无功电流增加，电网的无功电流不会因此而减少，被抑制的这一部分必然由其他并联的发电机吸取。

可以运用交叉无功电流补偿法，补救调差引起的电压调整率有所降低的问题。运用该种方法的主要原则是当无功电流增加时，其一，可以对电压进行自动降低，减少发电机无功电流的增加量；其二，对其他并联运行的发电机的电压进行增高，使得无功电流被其他发电机吸收，从而确保整个电网的电压维持在一个水平上。

（3）发电机及励磁系统常见故障及处理

对有刷电机而言，短路、匝间短路、定子绕组相间短路、电刷过量磨损、励磁线圈断开、绕组短路以及电刷接触不好等问题都是常见的。通常情况下，一般短路故障可以用肉眼来发现。匝间短路时，会出现三相电压不对称或者壳部过度发热等情况，这都是很好断定的，其一般是由转子端部的热变形、线圈端部垫块的松动、小的导电粒子或碎渣进入线圈端部及通风沟等引起的。转子励磁线圈短路一般可归结为励磁电流增大，通过测量励磁回路或解体电机后便可发现。

对于可控硅励磁调压系统，发生故障时，首先检查晶闸管电路是否正常，其次检查触发电路是否正常。检修时，在电路原理图和实物图上找到实现上述功能的元件，然后按照工作过程来检查哪个环节电路不能实现自己应有的功能。

三相无刷同步发电机中的主发电机励磁绕组、励磁机电枢绕组及旋转整流装置同轴旋转，静止励磁系统提供直流励磁电流给励磁机定子绕组，在励磁机转子绕组上感应出三相交流电，再经旋转整流后提供给主发电机励磁绕组，最后在主发电机定子绕组上感应出三相交流电输出。无刷同步发电机励磁系统常见的故障与处理方法如下。

故障一：旋转整流装置故障。旋转整流模块和过压保护模块是旋转整流装置的两个组成部分，旋转整流模块的主要作用是把三相交流电经整流给主发电机励磁，过压保护模块的主要作用是防止过压对旋转整流模块的损伤。由制造缺陷或安装接触不良造成发热使旋转整流模块和过压保护模块击穿是比较常见的故障。当旋转整流模块发生故障时，电压下降明显。1只二极管损坏，电压一般能跌至200V左右。这种故障判断比较简单，用万用表检测即可。

故障二：静止励磁系统元器件损坏。因为整个设备的振动太大或者因为元器件的质量较差时，静止励磁系统常常会出现导线接触不好、元器件破损等问题，让励磁系统提供的直流电流达不到指定的要求，因此导致主发电机出现异常电压。检测静止励磁系统故障需要检测励磁机定子绕组的电流，若和铭牌上和试验报告上一致则可以排除故障；如果测定的电流值小于铭牌上或试验报告上的标准值时，基本可以判断是属于励磁系统的问题。接着要对问题进行具体的分析，从而排查问题具体出现在哪个元器件或者哪条线路上，这样才能进行高效维修。

五、船舶电力系统的综合保护

（一）综合保护装置的基本构成及要求

船舶电力系统综合保护的对象不仅是系统中的单项电气设备，更重要的是保护处于运行状态的整个电力系统。

船舶电力系统的综合保护能够使电力系统的各级保护都应按总体系统的要求充分地协调，以便在电力系统发生多重复杂故障时仍具有正确的选择性保护功能。为切断系统中局部故障而采取的保护动作必须限制在最小的范围内，并能有效地防止故障的扩大。

船舶电力系统的综合保护能够使电力系统在任何工况下保护动作切除故障电路时均不应破坏系统工作的稳定性，还应考虑到故障消除后电力系统功能的恢复和调整。

船舶电力系统的保护不仅要迅速及时地切除故障设备，还应能预警，显示故障发生前的不良状态，用告警的手段改进保护方式。不少保护装置已经成为系统自动控制的一个重要组成部分，起到了监视、报警、保护（故障控制）的作用。

1. 综合保护装置的基本构成

船舶电力系统综合保护的对象是发电机的保护（过载、短路、欠压和逆功率）、船舶电网的保护（过载、短路保护、岸电相序及断相）、变压器的保护及电动机保护。

船舶电力系统综合保护装置一般由测量电路、逻辑电路和输出电路三大部分构成。

（1）测量电路（电路参数的监测）

用以对电力系统的电气参数（电流、电压、频率、温度等）的变化进行监测，如果运行参数达到整定值，则测量电路就启动，向逻辑电路输送信号。

监测应该灵敏，能够监测系统参数的瞬态变化，而检测的数值误差要小，以避免影响保护装置的下一步判断和决策。

（2）逻辑电路

保护装置应具有区分电力系统正常和不正常状态以及做出决定的功能。它能够从电力系统中的电气参数上鉴别正常和不正常的状态，根据保护的要求，进行综合判断，决定装置是否动作。若保护装置应该动作，逻辑电路就向输出部分送去信号。

（3）输出电路

输出电路根据保护装置的任务，对超越允许极限的故障采取紧急保护措施，并尽可能做到最小范围的故障切除或者发出对不正常状态的预警和报警信号，及时向操作人员告警可能发生的故障，以便采取适当的有效措施防止故障的发生和蔓延。

2. 综合保护装置的基本要求

为了使保护装置能够迅速、准确、可靠而有效地工作，因此对其提出以下基本要求。

（1）可靠性

要想使保护装置能在一切事故和非正常状态下正确可靠地动作，就必须要求系统的每一保护装置均应能经受和开断在其安装部位上可能产生的最大短路电流；电路应能经受由保护装置的延时动作而产生的热效应和电动力效应；保护线路简单可靠，保护电器质量好，使用和维护简单方便。

（2）选择性

选择性指发生故障时保护装置只切除故障部分，将故障断电限制在最小的范围内，而保证其他完好电路能继续正常工作。

严格划清电力系统允许的动态值和不允许的故障值之间的界限。在电气设备允许的短时过载范围内，保护装置不应误动作，以免影响电力系统正常工作。这种情形在直接启动大容量电动机时最容易发生。因此，技术管理人员应该充分估计和了解各种工况下发电机最大可能发生的过载电流及其持续时间，合理选择保护装置的保护特性，并要求保护装置具有一定的延时。

（3）快速性

为了防止事故蔓延以减轻其危害程度，保持系统运行的稳定性，要求保护装置动作尽量迅速，即要求保护装置在很短时间内完成参数检测、逻辑分析和判断的过程。

（4）灵敏性

灵敏性是保护装置对其保护范围内所出现的故障或不正常工作状态的反

应能力。要想使保护装置灵敏，并且能正确地反映出故障的状况，就必须提高保护装置的灵敏度。采取不同的保护方式和采用不同的保护元件其灵敏性是不同的。

应该注意到，上述四个基本要求之间往往是互相矛盾和互相制约的。譬如说，为了保证选择性往往会损失一点快速性，而照顾了灵敏性又可能会降低可靠性。以短路保护为例，为了限制短路故障的影响范围，要求保护装置能尽可能快动作，但各级间的选择性则又要求前一级保护装置的动作时间必须比后一级的整定时间长一点，这样势必又影响它的快速性。因此，在实际选择保护装置和整定其动作值的时候，必须根据具体情况做全面、辩证的分析才能获得满意的效果。

（5）综合系统化

保护装置检测的参数可以为电力系统综合利用，分散安装的保护装置的整定值可以根据系统的要求自动地改变和调整，以达到系统可靠和经济运行的目的。

（二）船舶电力系统电网的保护

1. 电网保护参数的调整

船舶电网发生短路或者过载时对电缆进行保护的程序叫作船舶电网的保护。若交流电网中接入了岸电，也要对岸电实施断相保护和相序保护。

（1）电网的过载保护

馈线式配电网络的过载可分成三段来进行讨论。

第一段：发电机至主配电板之间的电缆。该段电缆的截面选择主要受发电机的额定容量的影响，它出现过载情况的话，会导致发电机也出现过载。所以，这段电缆的保护也可以全部利用发电机的过载保护来实现。

第二段：用电设备到动力分配电板（有的直接到主配电板）之间的电缆，该段电缆的截面选择主要受发电机的额定电流的影响。通常只要电动机具有过载保护，这段电缆的保护就不必再做其他措施。

第三段：各级配电板之间的电缆。通过以上叙述可知，船舶电网中对于过载保护可以不予考虑，换言之，在应急配电板、主配电板和区域分配电板上的开关上，都不必设置过载保护装置。不过，因为船舶上的电动机的过载保护装置一般都是热继电器，它们的动作特性因受到环境温度影响而不太可靠；又当电缆绝缘遭到破坏时，实际电流可能超过用电设备的总电流而出现过载，因此，现代船舶电网中这些馈电开关均选用装置式自动开关。虽然其过载脱扣器不会对电网的过载保护有多大影响，但对于提高电网的工作可靠性却是有一定作用的。

（2）电网的短路保护

保护装置的选择是船舶电网短路保护的重要工作。需要选择的保护装置在系统发生问题时，不会导致整个保护装置启动，而只会对故障的地方进行切断，这样就能使其他没有故障的设备能够正常工作。

电网选择性保护的完成，可以采取时间原则和电流原则来进行。

①时间原则。选择性保护可以从各级保护装置的不同时间整定值来实施，一般是以电源到用电设备逐级递减的原则进行的。

当开关的动作时间 $t_1 > t_2 > t_3$（t_1、t_2、t_3 为从电源算起连续三级保护的动作时间值）时，就能达到选择性的保护，换句话说，开关的动作时间从用电设备到供电电源逐级增加就能满足选择性保护的要求。

越靠近用电设备的开关，动作时间越短，这样就能大大地减少故障时间，不但保证了快速切断故障，还能使保护装置的开启具有选择性。这样设计最重要的地方在于对前后两级保护动作的时间差有正确的选择。船舶电网一般取时间差为 0.15 ～ 0.58s。

选择性保护系统以时间原则来整定的话，既有利于保护性能的可靠性，又能广泛运用在任何一种电力系统中。

②电流原则。选择性保护采用各级保护装置不同的动作电流来整定的话，动作电流原则上要求从电源到用电设备逐级递减。短路发生处距离电源越近，电路电流越大。对其进行保护时，就可以从负载处来算，距离电源越近时，动作电流就会越大，即 $i_3 > i_2 > i_1$，（i_1、i_2、i_3 为从电源算起连续三级保护的动作电流值）。

选择性保护运用电流原则时，具有短路时动作快速的优点。它的反应时间由保护装置的额定时间决定，一般情况下为 0.1s 左右；但同时它受开关断流容量的限制较大，而且易受各种外部环境因素的影响，比较难以进行级间协调，常常运用于一些容量较小的船舶电网中。选择保护运用时间原则较多用于比较重要或容量比较大的电网中，这样才能确保其可靠。运用时间原则进行保护也有较高的要求，要求电力系统中的自动开关和断路器具有较好的延时性，从而满足保护设计的需求。

框架式自动空气断路器具有非常可靠的按时间原则的保护特性，不仅用作发电机的保护，而且同时用它作为发电机出线端至汇流排主开关电源侧电缆的短路保护，还作为远处馈电线路短路时下位短路保护的后备保护。

利用装置式自动开关的电磁脱扣器能实现按电流原则的选择性短路保

护，但船舶电网各级短路电流的计算值难以精确求出，并且各级短路电流有时差别不大（电缆长度短），故按电流原则来实现短路保护的选择性是有一定局限性的。利用各级装置式开关热脱扣器的反时限特性相互协调配合，可以实现各级电网的过载保护的选择性。

船舶电网短路保护一般会综合时间原则和电流原则。设计时，通常用在主配电板以及应急配电板的馈电开关，会选用电流原则的保护装置自动开关，延时短路保护的设置不足为重，这样的话，电磁的脱扣时间一般高达 0.02 ～ 0.05s。最靠近用电设备的电网和电动机的短路保护一般采用熔断器。

一般情况下会对主配电板及各个用电设备都实施限制保护级数的措施，这有利于实现电网短路保护的选择性。通常规定动力负载的级数最多为四级，照明负载的级数不得超过五级。

2. 岸电相序和断相保护

船舶在接用岸电时，当相序接错或少接一相时，电动机将发生反转或单相运行，从而导致电力拖动装置在机械或电气方面的受损或破坏。为了防止这样的故障发生，岸电应该设置相序及断相保护。

相序及断相保护由负序继电器完成。当相序接错或少接一相时，过滤器输出电压分别为 1.5 倍和 0.866 倍的线电压。该电压经整流后足以启动中间继电器，中间继电器的常开触点闭合后启动时间继电器，经延时后岸电开关的失压脱扣器线圈失电使开关跳闸。

除了上述的保护外，为了保证电网的正常运行，无论是照明电网还是动力电网，船舶规范对绝缘电阻都有明确的要求，一般均要求大于 1MΩ。不论是一次系统还是二次系统，均应设有连续监测绝缘电阻的装置，且能在绝缘电阻较低时发出声、光报警信号，使值班人员能及时发现绝缘电阻低而设法及时排除之。

（三）发电机自动分级卸载的概念及应用

发电机自动分级卸载（Automatic Unload），又称优先脱扣（Preferential Trip），是属于发电机过载保护的一种形式。

当发电机发生持续过载时，经延时，发电机过载保护动作，将造成发电机跳闸。要使发电机不中断供电且避免过载，当出现过载信号时，必须在长延时脱扣器的延时时间内，切除电网中正在运行的一些次要负载，使发电机脱离过载状态，从而保证电站对重要负载的连续供电，这就是发电机自动卸载。船舶电站一般将负载按重要程度及工作特点的不同，分成 1 ～ 2 级次要负载，从而实现多次自动卸载，这称为发电机自动分级卸载。

显然，发电机自动分级卸载保护必须与发电机过载保护的延时特性相互配合，我国一般规定：对有分级自动卸载装置的发电机过载保护。当过载达110%～120%额定值时，延时5～10s使自动卸载装置动作，自动卸掉部分次要负载。当过载达150%额定值时，延时10～20s，过载保护装置动作，使发电机自动跳闸。

根据船舶电站发电机的容量和台数，考虑非重要负载的性能和大小，也可以采用分级脱扣卸载，以求最大限度地给负载供电。各级脱扣是利用延时的时间差来实现的。例如，长延时脱扣器的延时为20s，若分三级脱扣时，建议延时时间整定：①第一级脱扣延时为5s；②第二级脱扣延时为10s；③第三级脱扣延时为15s。

六、船舶自动化电站的操作和管理要求

（一）船舶自动化电站系统的组成及其功能

现以微机控制三台发电机组组成的电站为例，概括说明自动化电站控制系统的基本功能。

原动机各带有调速器，其中调速马达由微机输出控制，实现对电站母线频率、运行发电机组间有功功率分配及转移的控制。

发电机励磁系统采用可控相复励自励恒压无刷系统，相复励部分为电流叠加，电压校正器控制交流侧分流，既提高了静态调压精度，又满足了运行发电机之间无功功率的合理分配。电压校正器为电子式电压校正器，其中专设了一个电压值整定电位器，它由微机输出控制伺服马达来驱动，实现对发电机端电压、运行发电机组间无功功率的合理分配与转移控制。

以微型计算机为主的控制器由中央处理器、随机存储器、只读存储器、数字输入单元、数字输出单元、模拟量输入变换器、中断输入单元、设定器、显示单元及数字量调节输入单元等构成。

所有经检测得到的信号，经过数字输入单元、模拟量输入变换器，送入随机存储器，然后根据只读存储器中已存入的有关控制程序进行控制，信息在中央处理器中进行算术或逻辑运算，结果又送入随机存储器或数字输出单元，最后按时间原则由数字输出单元输出信号控制执行机构，实现对电站相应参数的控制。

执行机构由空气断路器、继电器和伺服电机等组成。检测元件有功率变换器、频率变换器、脉动电压检测器、电流表、电压表等。

自动化电站的计算机软件系统应该具有的功能：①母线电压自动控制；②发电机无功功率自动控制；③母线频率自动控制（AFC）；④发电机有功

功率自动控制；⑤发电机自动准同步并车控制；⑥故障机组自动解列；⑦负载分级切除；⑧发电机运行台数控制；⑨原动机自动启动；⑩故障监视及报警。

微机控制的船舶电站，程序按时间原则管理，即把任务编成号码，每个任务按给定的时间值运行一次，如此轮流执行。上述 10 种功能的控制程序都由实时操作程序管理，它们的执行间隔为 4s。轮流法实际上是一种循环调度法。

（二）船舶电站计算机控制系统的管理要点

电站控制系统中有三台发电机，每台机组的控制单元担任自动控制，手动控制由开关操作，手动和自动都通过各自的电路进行控制。手动操作是必须保留的，《钢质海船入级规范》规定“当自动化系统失效时，能保证在机旁对机电设备进行有效的人工操作”。手动操作开关设置在主配电板上。空气断路器控制电路和调速电路属于主配电板的电路，柴油机的启 / 停控制电路一般都设在柴油机旁控制箱内，尽管在电站自动控制装置中也设置控制电路，但很少使用，系统使用制造厂配套提供的控制设备。

控制单元对输入的信号进行处理，即把输入的各种信号（电压、电流、频率、功率、转速以及开关量等）转换成系统能识别使用的信号（0 ～ 5V 或 4 ～ 20mA），根据设置的操作程序，对运行中出现的状态进行逻辑判断，输出相应的操作信号（如自动同步、功率自动分配、恒频调节等）。在单元结构中每台发电机有自己独立的自动同步操作系统，在归总式结构中一般只设一个自动同步操作系统，由控制系统引导到待并发电机上去。

1. 备用发电机组的设置要点

当电站中运行发电机组出现故障时，备用发电机组应自动启动并投入电网，以保持电网连续供电。备用发电机组的台号由备用发电机选择开关设定。

船舶电站一般会设置超过三台的发电机。当一台发电机组正常运行时，要确保备用设备不会出现故障。例如一个有四台机组的电站，2 号机在供电运行，如果设定 3 号机为第一备用，余下的机组究竟哪台机作为第二备用呢？也就是说运行的 2 号机出现故障时，3 号机应自动启动投入运行，但是如果 3 号机启动失败或合闸失败，启动指令应转移给 4 号机还是 1 号机呢？一般采用顺序后续的方法。如果设定 3 号机为第一备用，4 号机就自动成为第二备用，1 号机就成为第三备用。

若机组出现问题或者需要检修时，其启（停）控制箱上的位置要设置在手动位置上，或者接收到闭锁信号时，备用的装置要能自动调节。比如将 3 号机作为第一备用，2 号机已经设置成了手动位置，则备用发电机可以自动调节到四号机，如此一来，4号机就成为第一备用，1号机成为第二备用。

2. 电网故障的处理要点

频率异常（即过高或过低）、电压异常（即过高或过低）以及失电是控制系统经常处理的三大电网故障问题。处理时要以“连续供电”为首要前提。

（1）电网电压过高（或过低）

发电机由电压校正器保证的电压调整率要求在2.5%以内；作为电源的发电机的电压应比设备额定电压高5%；电气设备应能在电压变化-10%～+6%的范围内正常运行。

电网电压超过电压校正器所保证的静态指标数据，可认为是故障。出于对设备承受能力协调性的考虑，通常将±5%作为电压故障监测值，也就是说电压持续一段时间出现高于或低于标准值5%的话就认定为故障，持续时间通常以5s为准。确认故障后，系统会采取报警并启动备用发电机组的处理手段。

（2）电网频率过高（或过低）

柴油机的调速器以5%作为静态调速率，±5%为其对应的频率变化值。电气电子设备的频率静态变化范围在±5%时，可以认定为正常运行；±2.5%是频率的检测值。若设备运行时的频率在持续的时间内出现超过这个值的情况，就要考虑是否出现了故障。这个持续时间一般认定为5s。当故障确认后，系统会采取报警并启动备用发电机组的处理手段。

故障通常被分为两级。一级故障的检测值，电压是±5%，时间是5s；频率是±2.5%，时间是5s。二级故障的检测值，电压是±10%，时间是5s；频率是±5%，时间是5s。轻度故障属于一级，严重故障属于二级。出现轻度故障时，启动备用发电机组，同时实施并联工作，让故障发电机组退出工作状态，从而实现在不停电的情况下进行发电机组的转换。出现严重故障时，启动备用发电机组，并对故障的发电机组实施空气断路器分闸，将备用发电机的空气断路器合闸投入运行中，从而实现在短时停电的情况下进行发电机组的转换。

（3）电网失电

电网失电后，备用发电机组启动成功、电压建立可以供电时，还要满足所有发电机空气断路器都在分闸位置才允许合闸。

3. 发电机故障处理要点

处于备用状态的发电机组，柴油机启动成功后，发电机应能自动投入电网运行，若启动成功后的发电机不能投入电网运行，则由控制系统根据检测的故障信号进行相应的处理。

（1）起励失败

起励失败故障即电压不能建立。当柴油机启动后，若在规定时间内不能建立电压，则认定为故障。检测值和电网电压、频率的一级故障检测值相协调，也就是说电压不大于 95%U_N，频率不大于 97.5%P_N，时间为 3s，作为起励失败的检测值。系统同样采取报警和启动备用发电机组的处理手段。

（2）自动同步失败

当发电机的电压建立后，系统应该发出自动同步合闸的指令。若非如此，则可能出现了自动同步操作故障。这个指令执行的时间限制为 60s，系统同样采取报警和启动备用发电机组的处理手段。

（3）合闸失败

合闸失败处理指的是电力系统发出合闸指令后，空气断路器无法在规定的时间内执行指令，通常以 3s 作为指令执行的规定时间。系统同样采取报警和启动备用发电机组的处理手段。

起励、合闸失败是以上三种问题出现后形成的一个报警指令。

发电机组正在运行时，若出现欠电压、过电流、频率高、短路、逆功率和过功率等问题，系统一般会在电网上表现为频率和电压的问题，通过检测电网来进行恢复；当出现过电流和过功率的问题时，系统则会根据相应的数值来进行备用机组的启动，也可以通过采取将次要负载进行卸载和跳闸的方式来处理。

（4）空气断路器异常分闸

空气断路器分闸的正常操作由自动或者手动分闸来完成，当出现脱扣时，则为故障。电网失电是由单机运行出现异常分闸导致的；运行机过载是由多机并联运行出现异常分闸导致的。它们一般都通过报警和进行备用机的启动来进行处理。

4. 柴油机故障处理要点

冷却水温度高、超速和滑油压力低是一定要进行处理的常见故障。其中，超速是二级故障，机组要进行停机处理。通常将超过 1.15 ～ 1.2 倍额定转速的转速称为超速。

冷却水温度和滑油压力的检测故障分为一级故障和二级故障两类。不断电的情况下实现机组的转换，一般是发生一级故障时的处理方法；短时断电进行机组转换，一般是出现二级故障时的处理方法。通常情况下，有人值班时，故障处理都只是报警和呼叫值班人员。所以，设计时将一级故障的处理作为重点。

滑油需要通过机带油泵进行运送，当启动发电机且发电机运转一段时间后，才会建立压力。因此，对滑油压力信号进行隔断，是发电机组启动时和没有正常投入运行时需要做的工作。柴油机的控制系统独立设在机旁控制箱内，滑油低压信号经处理后输入电站自动控制系统；柴油机由自动控制系统控制时，信号由压力开关直接输入。由于冷却水温度的升高需要一定的时间，机组启动时无须阻塞。

第三节　船舶舵机装置及其自动控制

一、船舶舵机装置

现代化的船舶上都少不了舵和拖动装置，这个装置的主要作用是引导船舶的方向，使其按照预定的航线航行。若舵机出现问题，船舶的航行将不受控制。所以说，舵机损坏将给船舶带来不可估量的损失。舵机很好地体现了船舶的生命力和机动性，是船舶上不可缺少的一个重要装置。

舵机包括舵和拖动装置两个部分。舵机的工作频率相当高，以船舶通过港口时的接通频率来看，可高达 600 次 /h；江上航行更高，达 1200 次 /h。在偏舵的操作过程中，其负载也有着非常大的变动，偶尔还可能过载或者堵转。为了避免这些问题，就必然要求偏舵的时候操作既稳又快，这跟其他的电力拖动有较大的差异，工作稳定可靠是最首要的要求。

（一）舵机装置的组成和分类

舵机装置主要由传动机构、控制系统（包括控制台、放大装置和计算装置）等组成。

1. 传动机构分类

传动机构按传动形式分为机械传动和液压传动两种。

电力机械传动装置是电动机通过机械装置带动舵工作的，其特点是具有恒定的传动比。

机械传动有三种形式：螺杆传动、扇形齿轮传动、舵链传动。

液压传动装置是电动机带动液压泵，通过改变液压情况带动舵工作的，其特点是传动比是变数。这种液压传动有以下基本形式。

①液压泵电动机的转速维持恒定不变，偏舵方向及速度大小用改变液压泵中的流动方向和压力大小来调节，这种形式的液压传动可以减小电动机的功率，不需解决电动机的调速问题。

②液压泵无调节装置，偏舵方向及速度依靠改变电动机的转向及转速大

小来调节。

③双作用双活塞杆液压机。双作用双活塞液压机由两端有端盖的圆筒缸体、活塞和活塞杆组成，它的特点是靠密封的容积的改变来传递力和位移，它通过活塞将液压能转换为机械能。目前水下船舶多采用此液压机。

2. 控制系统分类

控制系统按控制方式分为简单控制系统、随动控制系统、自动控制系统。

（1）简单控制系统

简单控制系统中，操舵手柄或舵轮的位置不与舵叶位置相对应，要用舵角指示器才能知道舵叶所转角度，操舵时需将手轮转过某一角度并保持不动，直到舵角指示器指示舵叶已转到舵令要求的角度时才将手轮转回到零位，使电动机停转。

（2）随动控制系统

随动控制系统具有使手轮位置与舵叶角度自动同步的功能，只要把操舵手轮转到所需的角度位置上，就可使舵叶自动停在这个指令角度上。它调节的对象是舵角，舵的位置与手柄或舵轮的位置是一一对应的。

（3）自动控制系统

自动控制系统是一种将舵电动机的控制系统与电罗经联系起来的操舵装置，当船舶由于某种原因，偏离规定航向时，由于电罗经与船舶的相对运动，使控制系统在无人发令的情况下进行工作，由执行电动机自动带动舵叶偏转，使船舶重新返回到原来的航向上。因此，自动控制系统能自动维持船舶的航向。

（二）舵机拖动装置的技术要求

①工作可靠：应保证在工作中的不间断性，有足够的转矩值和转舵速度。

②生命力强：有备用电源和管路；有不少于两个操纵部位；操纵部位的转换和操纵方法的转换都应简便和迅速。

③操纵方便：维护管理简单。

④重量轻、尺寸小。

这些要求中可靠性和生命力是最基本的要求。

二、舵机的控制系统及其工作原理

（一）交流单动控制线路

当船舶电站采用交流制时，舵机装置要求电力拖动功率为 8 ～ 10kW/h，常用单速或多速鼠笼式电动机为执行电动机。

单速鼠笼式电动机的继电接触器舵机控制电路，是一种最简单的交流单动控制线路。工作原理和特点简述如下。

通过操作按钮控制正反转接触器工作，使舵机正反转，启动电阻可限制启动电流，当按钮（任一只）按合后，相应方向接触器吸合，接通主电路，由于时间继电器延时作用，加速接触器的主触头处于断开位置，异步电动机在定子串电阻的情况下降压启动、限制启动电流，延时结束后，获电动作，它的主触头将电阻短接，电动机过渡到自然特性上加速，直到达到稳定工作点运行，将舵叶转到规定的偏舵角。

通过接触器和时间继电器的配合，实现电动机制动过程，电动机进入能耗制动过程。

（二）随动舵机的工作原理

随动控制已广泛应用于船舶的舵机电力拖动中，且是自动舵的基础，它可以简化操舵工作，操航人员不必不断转动舵轮，并仔细观察舵角指示器，只需将手轮转到要求的舵角，跟踪系统就可使被控制机械来复演控制机构所规定的运动，从而使舵叶与舵轮位置相一致，将舵准确地停在给定的角度上。一般情况下，执行机构和主令机构可以相距甚远，中间没有机械联系，而只通过电气控制相联系，此跟踪系统称为随动系统。随动系统是一个闭环系统，输出量以一定精确度跟随或复现输入量，并通过放大器可以使小功率的输入量控制大功率的输出量。

随动系统的工作原理分析如下。

随动系统中，转动机构在每个瞬间都与主令器的位置相一致。当输入轴的转角等于执行轴的转角，则两个电位计的滑动触点之间无电压，发电机励磁绕组两端电压等于零，发电机无输出，电动机不动，如输入轴转过一定角度，电位计就出现电压，其值与两轴偏差角成正比，电压方向由偏差方向而定，因此偏差角的大小和方向决定电动机转速的高低和方向。

电位计既能测量偏差角，又可发出与偏差角成正比的信号电压，加于发电机励磁绕组上，发电机在系统中起到了放大器的作用。

随动系统的一般结构包括测量元件、放大元件、执行元件和反馈元件。

①测量元件：自整角机或电位计。它的任务是测量输入信号和输出信号，并进行比较，从而得出误差信号并输入放大器。

②放大元件：半导体放大器。它将误差信号加以放大，供给执行元件。

③执行元件：电动机或液压系统。它带动负载及测量元件产生反馈信号。

④反馈元件：机械轴。负载是系统控制对象。

（三）水下应急舵机工作原理

以水下产品舵应急电力拖动控制线路为例，水下舵机在正常情况下多采用液压操纵，在液压失灵时，方向航和尾升降舵可转用电力操舵。

下面以方向应急电力拖动控制线路为例，说明水下应急舵机的基本组成和工作原理。该线路采用以时间原则的二级起动控制线路，电动机利用可逆接触器改变电枢电流方向实现正反转，以适应舵机左右转舵的需要，停车时利用能耗制动，使电动机迅速而准确地停在规定的位置上，满足舵叶准确定位的要求。

1. 水下应急舵机组成

①直流幅压电动机。

②限位开关。

③并激绕组放电电阻。

④电流表箱和分流器箱。

⑤启动、制动电阻箱。

⑥电磁启动器。电磁启动器包括下列电器元件。

a. 线路接触器：用于通断电动机电枢电路和并激绕组电路。

b. 正反转接触器：利用它们的主触头改变电动机电枢电流的方向，实现电动机拖动舵机左右转舵，正反转接触器吸引线圈均由启动线圈和维持线圈串联组成。

c. 延时加速接触器：利用它们的缓放延时作用实现二级时间启动。

d. 制动继电器：当可逆接触器断电，主电路断电，电动机停车时，利用制动继电器的缓放延时作用使接触器的主触头继续闭合，并激绕组延时断电，从而保证了电动机在能耗制动时所需的并激磁场。

e. 热继电器：对电动机实现过载保护。

f. 主令控制器：用来实现电动操舵，转动手柄时，可使相应的触头左或右接通，使电动机按规定的方向旋转。放开手柄时在弹簧作用下，将手柄拉回至中间位置，电动机便停止转动。

2. 工作原理及操作程序

（1）启动前的准备

电源开关接通，延时加速接触器线圈有电，其常闭主触头瞬时打开，常开触头瞬时闭合，启动电阻全部串入，常开触头瞬时闭合，此时处于启动准备状态。

（2）正转运行

主令控制器置于接通正转位置，正转接触器线圈有电，主触头闭合，常闭主触头打开，断开制动电阻，常闭辅触头打开，使反转接触器线圈无电，这是电气联锁。正反转接触器常开辅触头闭合，通过时间继电器，线路接触器线圈有电，主触头闭合，电动机启动。正反转接触器常开辅触头断开，延时加速接触器线圈断开，经延时1s左右，延时加速接触器常闭主触头闭合，将启动电阻短接，延时加速接触器常开触头闭合后经延时1s左右断开，线圈断电，制动继电器主触头经延时1s左右闭合，将启动电阻短接，电动机进入正常运行。

（3）反转运转

当主令控制器置于接通反转位置，反转接触器动作，电动机反向运转，整个过程与正转相同。

（4）停止制动状态

当主令控制器扳到零位，正反转接触器线圈断电，其主触头断开，常闭主触头闭合，电机电枢开始正式放电，制动继电器线圈断电，触头经延时后断开，线圈断电，线路接触器主触头断开，电动机制动停转。

（5）报警

控制部分设有极限位置保护和过载报警显示。当舵机出现过载时，热继电器触头闭合，主令控制器上的红色过载报警灯亮，进行报警，而不失舵，过载电流不大于1.25A。当舵叶转至极限舵角时，限位开关动作线圈失电，电动机实施舵角限位保护。

（四）自动舵

1. 船舶自动舵概述

船舶自动舵，也叫“自动操舵仪”，简称“自动舵”。它是用来自动保持船舶在给定航向上航行的一种自动装置，实质上它是一种航向自动控制系统。其被控制量是航向，正如温度自动控制系统的被控制量是温度一样。船舶自动舵只是自动控制理论在船舶上应用的一个实例。

船舶有两种航行状态，即随时改变航向的“机动航行”状态及保持给定航向的“定向航行”状态。船舶在大海中远航时，需要长期处在定向航行状态；舰艇在准备攻击时，也需要定向航行；潜艇在水下，不但需要定向航行，而且还要定深航行。这些定向、定深航行状态都要靠操舵来实现。但保持定向航行并不是一件容易的事，由于风浪的作用，船舶的惯性及船舶本身的不对称（如船舶制造时不对称、载重不对称、双螺旋桨推力不对称等），使船舶随时偏离给定航向。经常性的操作舵机就是为了调整船舶的行驶方向，使其按照预定的线路前进。操舵装置分为三种，一是简单操舵系统，二是随动操舵系统，三是自动操舵系统。简单操舵需要凭借操舵手的经验和判断，转动舵机手柄或舵轮，以此来控制整个船舶的运行方向。随机操舵需要操舵手发出适合的舵角信号，以此来控制船舶按预定方向运行。不过，船舶要一直按预定线路前进的话，还需要操舵手反复的发出信号。因此，这种类型也只能算是一种半自动的操舵类型。自动操舵的信号是经由电罗经发出而非由人发出的，而且一般情况下，全程只需要发出一次信号，就能让船舶按照预先制定的路线前进，不需要人为进行转舵。从以上论述可知，自动操舵是最便捷、最省事的一种操舵系统。下面对自动舵的优点做进一步的阐述。

①大大减轻操舵人员的劳动强度。电罗经和其他敏感元件给出航向信号，就不需要人工进行操舵。将预定航线的信号发出后，人们只要对船舶航向进行监视即可，极大地减轻了人的工作强度，也可减少人员编制。

②保持航向的精确度。

③提高实际航速。人工操舵因为反应速度和操作误差的原因，不可避免地会出现操舵的舵角大于自动操舵的情况，这无疑加大了船舶行驶的阻力，对航行速度有很大的影响；而且，人工操舵会使船舶的蛇形航行幅度增大，这样一来也就增大了航程，会耗费很多的时间，从而拉低了整体的航速。自动操舵却能有效避免这个问题，大大提高船舶的实际航速，有利于节省时间，船舶的运转周期也有所缩短；而就军舰来看，实际航速的提高有利于节约燃料，同时也提升了续航力。除此以外，自动舵能协同炮火指挥仪的工作，使得武器的命中率有较好的提升，而且自动舵还可以配合其他导航系统的工作，形成一个整体的自动导航系统。可见，自动舵是实现船舶自动化的基本组成部分。如果舰船上装备一种可靠的、精度高的自动舵，对于经济和军事等方面都是很有意义的。因此国内、外远洋船舶和舰艇都广泛采用自动舵。

2. *船舶自动舵工作原理*

船舶自动舵是一个船舶航向自动控制系统，它是如何自动保持航向的呢？

自动舵的控制对象是船，控制量是航向。它是由电罗经作为敏感元件来代替人工发出操舵信号使船回到给定航向的，而电罗经是装在船上的，所以电罗经信号又受船的航向变化的影响，也就是用航向偏差信号来消除航向偏差。自动舵必须具备有舵角反馈和航向反馈，这两种反馈缺一不可。它是一个闭环的误差自动控制系统。如果没有舵角反馈，它是一个结构不稳定的系统；如果没有航向反馈，它就不能自动保持航向。

简单自动舵自动保持航向的工作过程如下。

第一阶段：船航行在给定航向上时，电罗经的指针与船没有相对转动，即由电罗经带动的滚动触头在绝缘块上，电动机不动，此时舵叶在艏艉线上。

第二阶段：假如船受到干扰向右偏转，电罗经与船就有相对转动，电罗经带动滚动触头向左转动，并与左半环接触，电动机一方面带动舵叶向左转，另一方面经过延时反馈机构带动滑环开始转动。

第三阶段：当船在偏航角达到最大值时，停止偏航，电罗经带动滚动触头也到最大值而停止，因而电动机带动滑环赶上滚动触头，并在绝缘块上停下来，电动机停转。这时舵叶也停在最大舵角处。

第四阶段：船在舵的作用下，向原航向回转，所以电罗经也带动触头向右回转，并离开绝缘块与右半环接触，电动机即反向启动，一方面带动舵叶向艏艉线回转，另一方面带动滑环紧跟滚动触头转动。

第五阶段：船回到给定航向时，电动机带动滑环赶上滚动触头，并在绝缘块上停下来，电动机停转。这时舵叶也回到艏艉线上。

船向左偏航与船向右偏航，自动舵自动保持航向的工作过程是相应的。

船在定向航行中，如果需要改变航向时，只要人为地将滑动触头相应转到某个角度，船就能自动转到你需要的航向上做定向航行。改变航向的工作与保持航向的工作过程相似，所不同的是，改变航向的偏航信号是由人为转动触头产生的，而不是由电罗经发出的。这样，当舵叶回到艏艉线时，船就处在新的航向上，而没有回到原航向。其原因是人为给定的偏航信号被新的航向信号所平衡，从而达到在新的航向上的稳定状态。

延时反馈机构的作用是当船偏航及电罗经带动滚动触头转动时，由电动机带动滑环的绝缘块没有立即跟上滚动触头，而要经过一段迟缓的时间，以保证电动机以一定的速度转过足够的舵角，而不致使电动机转转停停，接通次数过多。

自动舵是一个闭环的自动控制系统，它由敏感元件、比较元件、信号的变换元件和放大元件、执行机构、反馈机构等组成。

①敏感元件，又叫测量元件或检测元件。它用来测量实际航向与给定航向的差值，并发出控制信号。常用的是电罗经。潜艇深度自动舵用深度传感器和纵倾传感器。

②比较元件，用来综合控制信号和反馈信号，这些信号可能是机械的也可能是电气的，所以比较元件也可能是机械的或电气的，如差动齿轮、电位器等。

③变换元件，用来将不同的物理量变换成相同的物理量，以便进行综合比较，并满足放大元件输入端的需要。变换元件一般适用于特种电机，如自整角机、旋转变压器等。

④放大元件，用来放大信号，供给执行机构。目前放大元件多采用半导体放大器、电气液压放大器元件，也有用磁放大器、电机放大机等。

⑤执行机构，用来推动转舵装置，一般采用电动机或电动液压装置。

⑥反馈机构，自动舵具备有两个反馈，即舵角反馈及航向反馈。

舵角反馈，也叫内反馈。它是使系统稳定必不可少的环节，没有舵角反馈的系统是结构不稳定的系统。它也可看成并联校正环节。系统常用自整角机来反映舵角。

航向反馈，也称外反馈、主反馈。它是通过船上电罗经传递的。

根据船舶运行规律，对自动舵提出基本要求，概括来说是灵敏度、稳定性、精确度和通用性。下面分述如下。

①具有一定的灵敏度。若船舶的航向出现了 0.2° ～ 0.5° 的偏差时，自动舵能及时工作，将船舶转到预定的航线上，这个偏差的角度也可以称为一次偏舵角。

②能产生二次偏舵。若一次偏舵角没有将船舶引向预定的航向时，还可以自动进行调整，直到转回到预定的航向。

③能产生稳舵角。舵能有效指挥船舶按照预定的航向行驶。通常船会因惯性偏离预先的航向，为了解决这个问题，让船能一直按照预定线路行驶，就需要舵能往惯性相反的方向设置一个角度，这个角度被称为稳舵角，它一般由微分环节来控制。

④能产生压舵角。由于船在航行中受到不对称的外界干扰，如舷侧的风浪，以及双螺旋桨工作不对称、装载不对称等，都会产生舷持续力矩，于是船舶将产生不对称偏航，即左、右偏航角不相等。

不对称偏航，不但加重自动舵的工作负担，而且由于长期的不对称偏航，将使船舶越来越远地偏离给定航向。为此，必须设法抵消舷持续力矩。一般的方法是使舵偏离艏艉线某一个角度，从而产生一个转船力矩抵消舷持续力矩，将船压回给定航向之后，再作定向航行。这个偏舵角叫作压舵角。压舵角有人为固定的或由积分装置自动产生的。

⑤能方便地改变航向。在自动操舵时，即能维持在给定航向，又能按需要随时改变船在新的航向上航行。

⑥能可靠地转换操舵方式。根据航行的需要，以及考虑舵机的可靠性和生命力，自动舵除了能自动操航外，还应具备随动操舵和简单操航方式，并

能可靠的互相转换。

⑦能够进行各种调节。为了使同一型号的自动舵能适用于不同类型、不同排水量的船舶或适用于同一船舶的不同运行状态和不同海况下的航行，自动舵必须具有下列基本调节装置。

a. 灵敏度调节（又称天气调节）：能使自动舵开始动作的船舶偏航角，就叫作自动舵系统的灵敏度，如0.2°、0.5°、1°、1.5°、2°等。由于航行时天气条件不同，要求灵敏度不同，如在小风浪时，可以将灵敏度调高些（如0.2°），以提高航行的准确性。如果碰到大风浪时，则灵敏度要调低些（如1.5°），以减少偏舵的次数。因为偏舵次数多，不但加重舵机工作的负担，而且影响航速。

b. 舵角比例调节（或称反馈系数调节）：由于船偏航而引起自动舵偏舵，对应一个偏航角就有一个偏舵角。偏舵角与偏航角之比就叫舵角比例。

这个比值应能保证在任何偏航情况下，都能产生足够大的转船力矩，迫使船回到给定航向。对不同的船舶或同一船舶的不同载重量，在不同航速时，所需要的偏舵角是不同的。舵角比值随条件变化而能进行调节，如对惯性大、航速低的船舶，舵角比值应调得大些，一般可在0.5～2范围内选择。

c. 稳舵角调节（又称反作用调节）：在舵的作用下，船向给定航向回转，当接近给定航向时，舵应能自动地向另一舷转过一个小角度（即稳舵角），以防止船由于惯性而向另一舷偏转。惯性不同的船舶要求稳舵角也不同。因此稳舵角应是可调的。稳舵角一般由航向的微分环节产生，所以又称微分调节。

3. 船舶自动舵的分类

一般情况下，自动舵主要按船舶航向检测元件和系统的控制及调节规律分类。

①按船舶航向检测元件分类。自动舵可分为电罗经式、磁罗经式和地磁感应发送器式等类型。电罗经式应用最广泛。

②按自动控制系统分类。自动舵可分为无触点式和有触点式、连续控制和断续控制等。

③按系统的调节规律分类。a. 比例控制系统，偏舵角与偏航角成正比。b. 比例—微分控制系统，偏舵角不但与偏航角成正比，而且还与偏航角的速度成正比。c. 比例—微分—积分控制系统，偏舵角不仅与偏航角及偏航速度有关，而且还与偏航角的积分有关。

自动舵有自动操舵、随动操舵和手柄单动操舵三种工作状态。

4. 自动舵发展趋势

①小型化。电气元件采用半导体元件和集成电路，将电罗经装在自动操舵仪内，使之结构紧凑，操纵方便。[①]

②设置航速自动调节装置。为了保证一定的转船力矩，在同一偏航信号下，对于不同的航速，其所需的转舵角是不同的。因此应按不同的航速能自动调节舵角的大小（即按航速能自动调节舵角比例系数），以提高航向的精度。这对军舰自动舵的意义更大。

③潜艇的深度自动舵和航向自动舵采用集中联合控制的方式。

④在导航系统的配合下，可实行按航迹自动操舵。自动舵只能保证在给定航向上航行，但不能保证在给定航迹上航行。如果将航迹偏差信号引入自动舵系统，自动舵就成为按航迹控制的自动舵，从而解决了自动舵因采用积分信号而使船舶产生横向漂移的问题。这对于船舶远距离航行十分重要。

⑤在声呐、雷达、导航等设备的配合下，可通过计算机实现船舶自动避碰，提高船舶航行安全和自动化水平。

三、集中控制操舵仪

（一）集中控制操舵仪概述

1. 主要用途

集中控制操舵仪用以对船舶的航向、深度、纵倾、浮力调整、纵倾均衡等系统自动控制，能进行指令发送和主推进电机遥控，还能以电动遥控方式操纵侧推装置。它主要是根据电罗经发送来的方位信号、预定主位信号、舵角信号及给定的各个条件自动地进行必要的操舵运算和操舵工作，从而控制舵机，自动使船舶保持在预定航向上航行。

2. 性能指标

（1）深度自动控制

①水下 30m 航行，航速大于 4 节，深度稳定精度不低于 0.3m，纵倾稳定精度不低于 0.5°。

②通气管状态航行，航速为 6 ～ 10 节，海况为 4 ～ 5 级，深度稳定精度不低于 0.5m，纵倾稳定精度不低于 0.5°。

③自动定深旋回时，深度波动不大于 1m。

④自动改变深度时，超调量不大于修正值的 10%，振荡次数不超过一次。

---

① 胡丽．船舶电气自动化技术应用及发展趋势研讨［J］．工程技术研究，2018（1）：82-83.

（2）航向自动控制指标

①水下 30m 航行，航速大于 4 节，航向稳定精度不低于 0.3°。

②通气管状态航行，航速 6 ～ 10 节，海况 4 ～ 5 级，航向稳定精度不低于 0.5°。

③水下航行，航速大于 6 节，海况为 4 ～ 5 级，航向稳定精度不低于 1°。

④自动改变航向时，超调量不大于修正量的 10%，振荡次数不超过一次。

3. 设备组成

操舵系统主要由主操纵台、副操纵台、航向舵反馈机构、围壳舵反馈机构、尾舵反馈机构、深度传感器、倾角传感器等组成。

4. 液压操舵

将航向和深度操纵方式开关置于“液压”位置，通过脚踏操纵航向舵，通过首、尾手操阀操纵艏舵和艉舵，可保证“有液压但无电源”的情况下进行应急操舵。有 24V 应急电源时，与舵杆相连的反馈机构以电压方式将舵角传递到主操纵台上的指针式舵角指示器，进行方向舵和尾舵角指示。

5. 电动操纵

航向和深度操纵方式开关置于“电动”位置，通过操舵轮上的微动开关，用 24V 直流应急电源控制电液比例阀，利用液压推动航向舵和艏舵，舵角指示与“液压”操纵显示相同。艉舵的“电动”由主操纵台右面的应急手操旋钮操作。

6. 随动操纵

（1）航向舵随动操纵

转动操舵轮将给定舵角传至平面发光舵角指示器上指示，同时系统比例控制器单元输出比例信号，经相敏整流后送至综合放大器，再经功率放大后驱动电液比例阀，控制液压油流向，推动油缸实现转舵，与航向舵轮相连的航向反馈机构通过线性旋转变压器将航向舵角传至平面发光舵角指示器指示，同时线性旋转变压器将舵角信号变为电压信号，经相敏整流后反馈至综合放大器与操舵信号相减，以保证航向舵角停在舵轮给定位置，即舵角跟随舵轮转动。

此时，由罗经发送来的航向同步信号由航向指示器的接收机接收并进行刻度盘指示，同时通过脉冲计数器向数字显示板上的航向编码器输出信号，从而变换为代码信号进行数字显示。

（2）艏艉舵随动操纵

由操作者转动操舵轮，将给定艏舵角同步传送到平面发光舵角指示器指示，同时通过系统逼近器单元变换为电压信号，经相敏整流后送至综合放大器，再经功率放大后驱动电液比例阀，控制液压油流向，推动油缸实现转舵，与艏舵杆相连的首反馈机构通过线性旋转变压器将艏舵角传至平面发光舵角指示器指示，同时线性旋转变压器将舵角信号变为电压信号，经相敏整流后反馈至综合放大器与操舵信号相减，构成随动系统，保证艏舵角跟随操舵轮的位置偏转。

艉舵的随动操纵由安装在舵轮右边的艉航旋钮给定，其工作原理同艏舵。

此时由深度传感器测量的船舶真实深度通过自整角发送机传递到深度指示系统，带动刻度盘进行指示，同时带动脉冲计数器计数并送至编码器编码，进行数字显示。

（3）通道转换

随动操纵各有两个放大器通道和两台电液比例阀，采用主、备工作方式。主、备通道由转换开关手动切换。

（4）舵角限位

当电动或随动操舵时，为防止舵角过大损坏止档器，电液比例阀的控制信号要经过反馈机构中的限位开关限位，其限位舵角为：①航向舵角，±（33.5°～34.5°）；②艏舵角，±（23.5°～24.5°）；③艉舵角，±（28.5°～29.5°）。

7. 自动操纵

（1）航向自动稳定

由航向编码器输入给计算机的瞬时航向信号与接通自动时的“指令航向”进行比较，当误差大于给定的灵敏度时，三台计算机同时按“比例—微分—积分”的调节规律进行计算，并独立输出操舵指令，由表决线路以“三取二”的方式（即认为两个以上相同的结果为正确，而不受另一可能有错结果的影响）选择正确的结果输出，经数模变换后作为指令舵角输入随动操纵系统，保证航向舵角跟随计算机指令，并保持预定航向。

通过计算机选择开关可选择任一台计算机工作。

（2）航向自动修正

在自动工况下，可通过键盘输入需要到达的新航向，先按“航向键”，再依次按“数字键”（如 150），当显示正确时，再按“输入”键，计算机则以新航向作为指令航向，与即时航向相比，必然产生差值，以下与“自动稳定航向”原理相同，即不断解算操舵指令，通过转舵，将船舶稳定到新的指令航向（即键盘输入的航向）。

（3）深度自动稳定

由深度编码器输入计算机系统的瞬时深度信号与接通“自动”时刻的“深度”进行比较，当差值大于装定的灵敏度时，三台计算机同时按下列控制规律进行计算，并输出操舵指令。

由表决线路经“三取二”的方式，取任意二台相同的指令作为指令舵角，分别输入艏、艉舵“随动”操舵系统，实现转舵角跟随计算机指令舵角，在转舵角的作用下，船舶将经常稳定在指令深度和零纵倾附近航行。其中纵倾信号由导航系统或摆式纵传感器提供，纵倾角速率由微分运算提供。

（4）深度自动修正

在自动工况下，需要改变航行深度时，通过键盘输入新的指令深度，即先按“深度”键，再按“数字”键，当显示正确时，再按输入键，计算机系统即以新的指令作为预定深度，与即时深度相比必然产生误差，以下与深度稳定相同，不断解算艏、艉舵指令，并进行转舵，将船舶稳定到新的深度（即键盘输入的指令深度）。

（5）无纵倾定深旋回及校正信号

由于操航向舵使船旋回时，会产生横倾，并使航速降低，造成船尾重，船舶将产生尾倾和下沉现象。随着尾倾加大，螺旋桨推力垂向分量也增大，当航速较高时，垂向推力大于下沉力，船舶边旋回边上浮，呈螺旋上浮现象；当航速较低时，开始阶段船舶有上浮现象，接着由于垂向推力不足以抵消下沉力，船舶边旋回边下潜，呈螺旋下潜现象，即船舶旋回时的侧洗效应和横倾效应。为此深度舵控制指令中增加了“校正信号”以补偿侧洗流产生的下沉力和尾倾力矩。

（6）自动切换

在自动工况时，如果操舵轮给定舵角大于5°，则自动切换为“随动”工况，如果回到5° 以内则又自动切换为“自动”工况，无须其他操作。

8. 跟踪操纵

当操纵方式开关置于“跟踪”位置时，系统处于“跟踪操纵”工况，是介于“自动”和“随动”之间的一种半自动方式，其特点是：操纵者以“随动”方式操舵，而计算机系统不断采集运动参数，并按最佳调节规律计算应有的操舵角，输出“指引信息”显示在EL屏幕上，操作者只需转动舵轮跟踪这一信息即可完成操舵。因此，关键在于“快速显示器”，其图形定义如下：

“＋”：在纵轴上的坐标为船舶所处的航行深度；在水平轴上的坐标为船舶所处的航向。

“△”：在纵轴上部的位置为艉倾角；在纵轴下部的位置为艏倾角；在水平轴上的位置为船的横倾角；艉倾时图形为“△”，艏倾时为“▽”。

“　”：在纵轴上的坐标位置为首舵角；在水平轴上的坐标为方向舵角。

“—”：纵轴上的坐标值为艉舵角。

“○”：纵轴上的坐标为指引艏舱角与操作者给定艏舵角之差，当处于该位时表明操航符合“指引”；在水平轴上的坐标为指引方向舵角与操作者给定艏舵角之差，当处于零位表明操舵符合“指引”要求。

跟踪操舵的过程是：给定指令航向和指令深度后，计算机不断采集运动参数，并根据预定的最佳操作要求自动解算出“指引”航向舵角和艏舵角（这时，艉舵角将按比例转动），驱动快速点。“○”偏离原点，操作者应转动操舵轮使“○”回到原点，表明操作者所给定的舵角与指引信息一致，这时，代表船舶航向和深度的符号“＋”，应逐渐达到预定值，即达到指令航向和指令深度，操作完成。其真实舵角及船姿态可通过其他符号观察。

这种操纵方式的优点如下。

（1）简易

由计算机将各种运动参数综合成一个“指引信息”——快速点，操作者不用观察众多的仪表，也不用判断应如何操舵，只要在装定指令深度和指令航向后，随时操纵舵轮，将快速点保持在原点上，即可操纵船舶保持或跟踪指令航向和指令深度航行，从而把复杂的操纵变为简单的位置跟踪。

（2）集中

这种操作方式能将所有与操舵有关的信息集中显示在EL屏幕上。

（3）灵活

“快速点”毕竟只是“指引信息”，而实际操舵掌握在操作者手中，熟练掌握后，可以在“指引”的基础上灵活应用。如为了更快地机动，开始可操舵轮使快速点与“　”反向偏离原点，即以更大的舵角操船，在快到达时，再保持在原点，即以更小的舵角操船，船舶将较慢地机动。

（4）安全

如果快速点已超出显示范围，到达边缘，并出现闪动时，说明要领先较大的舵角才能挽回偏差，或者说明深度或航向将会急剧变化，应引起注意并及时采取其他措施。EL显示器的刻度比例，通过正面的比例尺开关选择，分1/1、1/10二挡。

EL显示器在“随动”操纵时，由于计算机不输出指引舵角，故快速点的位置，反映的只是操作者给定的方向舵角和升降航角。

9. 故障报警

有下列情况之一时，系统将进行声、光报警，操作者应注意并采取措施。

①配套系统故障。系统失电。

②主要部件故障。纵倾、横倾、通信、罗经出现故障；电液比例阀未按要求开关；任意计算机故障；模拟放大器故障。

③功能性故障。深度超偏差（±3m）或超过危险深度（0 ～ 300m 内设定）；纵倾超偏差（±3°）或超过危险纵倾（0° ～ 30° 内设定）；航向超偏差（±3° ）。

同时按“换挡”和“指令”时，EL 右下角出现“菜单”，操纵者可根据需要修改原定报警值，如不输入，则按预先装定的值报警。

（二）集中控制操舵仪的操作

接通 50Hz 电源开关和 400Hz 电源开关并向控制台提供 24V 直流应急电源，启动液压，将深度、航向匹配一致，EL 显示键按“操舵”，即可开始工作。

1. 航向随动

①方式开关置于“随动”。

②左右转动舵轮，每档为 5° 舵角。

③在面板上部平面发光显示器上可看到方向舵给定舵角和实际转舵角的复示值，两条光柱应一致，误差不超过 1° 。

④在 EL 显示器上可看到圆点的横坐标为给定舵角，“　”的横坐标为实际舵角，两者应重合。

⑤在舵角的作用下可看到实际航向：EL 上“＋”符号的横坐标值。

2. 深度随动

①深度方式开关置于“随动”位置。

②前后转动舵轮，每档为 5° 舵角。

③在面板左平面发光显示器上可看到给定艏舵角和实际艏舵的复示值，均为直线光柱形式，两者应一致。

④在 EL 上可看到圆点的纵坐标为给定艏舵角，“　”的纵坐标为实际艏舵角，两者应重合。

⑤转动操舵轮右部正面上的旋钮，在显示器上可看到给定艏平面舵角和实际艉航角的复示值，两者应一致。

⑥在 EL 上可看到“—”的纵坐标为实际艉舵角（EL 上无给定艉舶角显示）。

⑦在舵角作用下可看纵倾角变化：EL 上“△”对应的纵坐标值，艏倾为“▽”，艉倾为“△”。

⑧可看到深度值：EL上“＋”的纵坐标值。

⑨ EL上“△”的横坐标值为横倾角。

⑩一般情况下，只用艏舵即可保持深度或小量修正深度，只有在大深度机动时才用艉舵。

3. 同时控制深度和航向

同时操纵三个舵时，若按常规需要观察航向、深度、纵倾及三个舵角，尽管采用了合理布置，仍显复杂，设计的基点是利用EL显示，一般应按下列方式操纵。

通过面板上的键盘给定预定航向，再给定预定深度，这时EL显示器的坐标原点即为预定值，操纵者只要看见“＋”符号偏离原点，就将“圆点”操到以坐标为对称中心的相反方向，“＋”符号就会向原点靠近，即船舶达到预定航向和预定深度。如果要求标准偏差时，EL显示用“1 ：1”挡；如果修正量大时，则用1 ：10挡。

操纵时应注意：

① EL显示坐标原点只能取整数，当给定值为111.5时，若采用“1 ：1”挡，则原点坐标为111，若采用“1 ：10”挡时，则原点为110；

②在“随动”状态下，原点的改变值只能在显示的范围内置入，如用“1 ：1”挡，则原点只能一次变化3（米或度），如用“1 ：10”挡，则原点变化量可达30（米或度）。

采用EL显示可大大简化操纵，操作者应熟练掌握这种方式，才能方便地进行空间机动（即同时保持或改变航向深度）。

4. 航向“自动”

①航向方式开关置于“自动”位置。

②通过右键盘给定指令航向，顺序为“航向”“数字”“输入”。

③设备将自动操舵改变航向，操作者只需观察EL显示器，可看到代表舵角的变化，也可看到代表实际航向的“＋”符号，逐步回到原点，船舶到达指令航向。

④若要准确读数，可以从面板上看到航向数字为多少，也可以从分罗经观察航向变化。

5. 深度“自动”

①深度方式开关置于“自动”位置。

②通过右键盘给定指令深度，顺序为“深度”“深度值”“输入”。

③操作者观察操作过程：

a. 观察面板上的指令深度，实际深度数值逐步向这个值变化，纵倾角数字显示；

b. 从面板盘式显示器上观察深度变化，从面板中间纵倾指针表上读纵倾。

EL 上可综合观察首尾舵角、纵倾角、横倾角及深度变化，可以看到“＋”符号逐渐回到原点，船舶到达指令深度，故一般只需从 EL 上监视即可。

6.“自动”空间机动

按要求输入指令航向和指令深度，通过 EL 综合观察趋势，通过数字显示直接读数。

7. 航向“跟踪”

①航向方式开关置于“跟踪”位置。

②与“自动”方式相同，按命令输入指令航向。

③观察 EL，将看到：坐标原点变为指令值；“＋”沿横坐标偏离原点；快速点符号“○”横向偏离原点。

④转动舵轮将快速点符号“○”操至坐标原点，并不断地保持在中间，此时方向舵按随动方式偏转。

⑤在舵的作用下，“＋”逐渐回到原点，即到达预定的航向并保持在预定的航向上。

8. 深度“跟踪”

①深度方式开关置于“跟踪”位置。

②与自动方式相同，按命令输入指令深度。

③观察 EL，将看到：坐标原点变为指令值；“＋”沿纵轴偏离原点；快速点“○”沿纵向偏离原点。

④转动舵轮将快速点操至中间，并保持在原点，此时艏、艉航按规定的比例转动。

⑤在舵的作用下逐渐回到原点，即到达预定的深度并保持在预定深度。

9.“跟踪”空间机动

①深度、航向方式开关均置于“跟踪”位置。

②输入指令航向和深度。

③观察 EL，可以看到：坐标原点变为指令值；“＋”在平面上偏离原点；快速点“○”在平面上偏离原点。

④两个方向转动舵轮，使快速点回到并保持在原点，此时三个舵同时偏转。

⑤在舵的作用下逐渐回到原点，即到达指令航向和指令深度。

10.“跟踪”操纵注意事项

①“跟踪”操纵的依据是“快速点”，即使再复杂的空间机动，操作者的操作过程也仅仅是输入指令，转动舵轮保持快速点在中间，不必观察众多的仪表，因此这种方式能将复杂的操纵变为简单的位置跟踪，比“随动”方式容易得多。

②作为操纵指引信息的“快速点”只是经计算机处理后的“参考”，而实际操纵还是掌握在操作者手中，由于这种“参考”是最平稳的操纵，操作者可根据需要“加快”或“减慢”修正过程。如果要加快航向变化过程，则可不将快速点保持在原点，而是与“+”反向过一点（即更大一点的舵角），回航时再反向过一点，最后保持在中间，则修正的过程必然过快，比“自动”方式灵活、安全。

11. 深度、航向“电动”

“电动”方式一般应在两个模拟放大器通道都出现故障，无法使用“随动”方式时才使用。

①方式开关置于“电动”位置。

②用手柄或按钮操舵。

③从面板上观察航向、深度变化。

④有400Hz电源时，可以从面板上观察舵角，如果只有24V应急电源时，可从舵轮前面的应急指示器上观察舵角。

12.“液动”操舵

“液动”方式一般在失电情况下才使用。

①方式开关置于“液动”位置。

②放下脚踏机构止挡板，用脚踏操方向舵，踏右脚向右偏舵，踏左脚向左偏航。

③拉起座椅两边的手操杆，左边可操艏舵，右边可操艉舵，向前推为下潜舵，向后拉则为上浮舵。

④观察舵角指示器则必须要有24V应急直流电，同“电动”操舵。

13. 操舵方式的转换和推荐方式

①使用“自动”时，只要舵轮转动大于5°，则自动切换为“随动”，可以“随动”改变航向和深度，当舵轮回到零位时，则自动切换为“自动”方式，所指令的航向或深度分别为转成“自动”时刻的航向和深度。

②航向和深度的操纵方式可任意组合使用，如航向为“自动”，深度为“随动”。

③定向、定深时推荐使用“自动”。

④修正深度或航向时，推荐使用“自动”或“跟踪”。

14. 副操纵台控制

在控制台的前台面操舵轮右边有“主副”转换开关，可切换到需要操纵的部位。副操纵台一般用于水面航行，有下列两种功能。

①方向舵操纵。有“自动”“随动”两种方式，“随动”时转动手轮，在舵角刻度盘上“红指针”为给定舵角，“黑指针”为实际舵角，观察航向需看分罗经。“自动”时只能定向航行，改变航向须用“随动”，与控制台操作一样，当方式开关置于“自动”时，“自动”和“随动”可按手轮位置自动切换。

②侧推操纵（方法与控制台相同）。

15. 应急电动操舵

在控制台前左右两边有方向舵电操手柄和艉舵电操手柄，当液压失灵时，通过专用的应急电舵转换开关转换，转换后，上述两手柄可分别操方向舵和艉舵，手柄附近还设有过载指示灯，其他仪表显示与正常操纵相同。

（三）集中控制操舵仪的预警

1. 工作之前自检

（1）报警系统自检

查灯：在面板上部，按压“查灯”按钮，所有报警灯同亮，而且有声响。有故障发出声响时，按压“消音”按钮，声响停止，下一次故障出现时仍会再次发声。

（2）系统自检

按 EL 面板上的“自检”按钮，EL 上会出现“计算机及通信线框图”，并指示是否正常，当所有计算机及总线均为正常时，则系统为正常状态。“自检”状态下，按压任一键，则 EL 上可显示操舵及均衡系统的各项参数，可核对系统各部分的正确性。

2. 部件故障报警

①通信总线中断时，“通信”报警。

②罗经信号与通信总线信号误差大于 2° 时，“罗经”报警。

③纵倾传感器信号与总线信号误差大于 2° 时，“纵倾”报警。

④横倾传感器信号与总线信号误差大于 2° 时，“横倾”报警。

⑤方向航模放通道有故障无输出时，2s 后“方向阀”报警。

⑥方向航模放通道有故障无输出时，2s 后不跟舵，“方向航”报警。

⑦艏航模放通道有故障无输出时，2s 后“艏阀”报警。

⑧艏航模放通道有输出时，2s 后不跟舵，“艏航”报警。

⑨艉航模放通道有故障无输出时，2s 后“艉阀”报警。

⑩艉航模放通道有输出时，2s 后不跟舵，“艉舵”报警。

出现上述报警时，可通过前后面板上的通道转换开关，进行通道转换。

3. 计算机报警

①操舵系统有三台计算机，共有 4 种方式可供选择，由台前右边的计算机转换开头选定“表决”位置：三台计算机工作，由表决线路进行“三取二”输出。“计算机Ⅰ”位置，1 号微机工作；“计算机Ⅱ”位置，2 号计算机工作；“计算机Ⅲ”位置，3 号计算机工作。任一计算机出现故障时，可进行转换，并即时更换备板。

②通信计算机只有一台，故障时报警。

③由于各种干扰的影响，偶尔可能出现 EL 图形符号不动或数字不变的情况，这不一定是故障，可按 EL 下部的复位按钮进行复位，可恢复正常工作。

4. 其他报警

失电：有 24V 应急直流电接入，50Hz 和 400Hz 电源开关接通，当失电时，“失电”报警。

5. 运动参数报警

参数装定：“自动”操纵方式在右键盘上先按住“换挡”键，不抬起再按“指令”键，EL 右下角出现“菜单”，按光标移动，依次输入“最大深度”“最大纵倾”“深度偏差”“纵倾偏差”“航向偏差”“移水灵敏度”。如果不修改，则保持前次装定值。

①当实际深度超过规定的最大深度时，面板上“深差”报警的同时，艏舵自动打上浮舵 20°。

②当实际纵倾超过规定的最大艏纵倾角时，面板上“纵倾”报警的同时，艏舵自动打上浮舵 20°。

③当实际深度超过规定值时，面板上的“深差”报警。

④当实际纵倾偏差超过规定值时，面板上的“纵倾”报警。

⑤当航向偏差超过规定值时，面板上的“航差”报警。

6. 液动操舵故障及排除

故障：操不动舵或跑舵。

排除：液压是否正常，液动是否正常，检查机械连接和检修手操阀或液动阀。

第六章　船舶自动化及主机遥控监测报警系统

随着自动化技术的进步，船上使用了较多的自动化设备，如全自动辅助锅炉、自动电站、自动控制系统。很多船的机舱内都设置了主机集中控制室，或者主机集控台；而驾驶室内也会设置驾控台，以此来控制主机。监测报警装置是机舱和控制室不可缺少的装备，监控人员在控制室就能对航向进行控制。本章以自动化概念为切入点，全面介绍船舶机舱监测与报警系统的基础知识、基本构成、基本要求，以及船舶火灾报警系统自动化技术。

第一节　船舶自动化概述

衡量船舶工业发展的一个重要标志就是自动化程度。机舱设备和系统中基本都已经趋于自动控制和自动调节，还可以进行遥控操作和自动监测、记录等功能。这在很大程度上减轻了船上工作人员的工作强度，并提供了更加优雅的工作环境。人员编制也有所减少，有利于提高船舶运行的效率，有效规避人工误差，让船舶航向更加安全可靠。

船舶自动系统由控制系统、安全系统和报警系统三部分组成。

一、机舱自动化的功能分类

（1）机舱的设备遥控

机舱的设备遥控包括：在驾驶室或集控台进行的主机遥控；驾驶室遥控操舵；集控台遥控启动 / 停止发电机、空压机、重要的泵；压载蝶阀遥控；消防应急遥控切断燃油柜上通向主机、柴油发电机、风机、锅炉等设备的燃油快关阀；在集控台上遥控操作锅炉的程序。

（2）设备的自动控制

①自动电站的自动控制和参数的自动调节；

②全自动锅炉的水位、燃烧系统的自动控制和参数的自动调节；

③空压机的自动起动和停止；

④泵的自动启动和停止；

⑤燃油和滑油滤器的自动清洗；

⑥燃油日用柜底部自动泄放水分等；

⑦滑油温度、燃油温度、冷却淡水和海水温度等的自动调节；

⑧压力和液位的自动调节。

（3）自动检测及报警

①对主机、发电机、辅锅炉及其他主要辅机等设备的运行状态进行监视；

②对重要设备、箱柜及其系统中各种运行参数（如压力、温度、液位……）进行检测；

③如果设备发生故障或者系统中参数发生超差，则应发出报警（如灯亮、铃响）；

④将报警延伸到驾驶台、集控台或有关的场合。

二、主机遥控系统的功能

（1）主机控制位置的转换

主机控制位置一般有三个位置：机旁、集控室、驾驶室。

机旁控制台称为应急操纵台。当控制系统出现故障后，将操纵位置转到机旁操纵。

机旁与集控室对主机控制的转换是由机旁的转换阀来实现的。将气源接通机旁的管路或集控室管路，同时操纵转换手轮，使调速器与主机调油轴脱开或连接。

集控室与驾驶室控制位置的转换由集控台上的阀来实现。当驾驶室遥控时，使气源接通集控台遥控阀箱。驾驶室对集控台转换操作应作应答认可（电信号按钮），也可先提出转换要求，由集控室决定并执行。

以上三个控制位置的转换功能要保证只能在一个位置可控制主机，不可同时有二个位置能操纵主机，并且机旁与集控室之间应以机旁为优先，集控室与驾驶室之间应以集控室为优先。

（2）集控室对主机的控制

在集控室可对主机进行启动、换向、转速控制、停车的操纵，并能对主机进行安全保护。

（3）驾驶室对主机的遥控

在驾驶室可用车钟对主机进行遥控，能遥控启动主机和对主机转速进行控制。

第二节　船舶机舱监测与报警系统

当前，计算机构成的监控系统在自动化程度高的船舶机舱中应用非常普遍，特别是机舱的分布式网络型计算机监控系统代表着当前船舶机舱监控系统技术发展的先进水平。该类系统采用现场总线技术（FCS），利用分布式微处理器 DPU 与 CAN 总线对机舱现场的监控参数实施实时监控与通信。它的主要优点在于：用可靠的数字信号取代传统的模拟信号，把控制、报警、计算等功能分布到系统的最底层的现场传感器，实现完全分散控制，是全数字、全分散、全开放的现场控制系统，同时也因为使用网络数据线而节省大量的硬件和信号电缆。

一、船舶机舱监测与报警系统的基础知识

（一）船舶机舱监测与报警系统参数类型

机舱中要监测的参数可分两类：一类是开关量，另一类为模拟量。

开关量指只有两个状态控量。这两个状态通常是开关的断开和闭合，而开关的形式可以是机械开关或继电器触头。在船舶机舱中，开关量可以反映设备的运行状态，如设备是处于运行状态还是停止状态的，设备是正常工作还是出现故障的。机舱的监测与报警系统能对主机凸轮轴位置以及阀门位置等开关量进行显示，需要报警的则发出声光报警。

模拟量是连续变化的量，如温度、液位、压力和转速等参数均为模拟量。监测与报警系统应能对这些模拟量进行实时显示，如果参数越限则应发出越限声光报警。越限报警分为两种情况：有些参数是不允许超过某一上限值的，当超过这一上限值时发出的报警称为上限报警；另外一些参数则不允许低于某一下限值，当低于这一下限值时发出的报警称为下限报警。通常，温度参数的报警为上限报警，压力参数的报警为下限报警，液位参数的报警则可以有上限报警，也有下限报警。

在机舱中，还有些设备其运行参数虽然为模拟量，但并不把这些模拟量直接送入监测与报警系统，而是通过压力继电器、温度继电器或液位开关等转换为开关量信号再送到监测与报警系统，这类设备有空气瓶、制冷设备等。

（二）船舶机舱监测与报警系统监测方式

船舶机舱监测与报警系统的种类很多，可以有多种分类方法。按监测方式可分为两大类，即连续监测式和扫描监测式。

1. 连续监测式报警系统

连续监测式报警系统可将机舱内全部监测点的状态及参数同时送入监测与报警系统，并实现连续监测，为单元组合式集中监测系统。这种系统的核心单元是报警控制单元，它是由各种测量与报警控制电路组合而成的，每个监测点的参数经传感器分别送入各自相应的报警控制电路，以实现独立参数的检测与判断，从而控制故障报警。由于各监测点的报警控制电路是相对独立的，因此各监测点之间的互相影响较小。当某一监测点通道发生故障时，不会影响其他通道的工作。监测点数的增减可以不受限制。在设计中，常把报警控制电路按输入的信息类型和监测要求设计成几种形式，并把几个同类型的报警控制电路制作在一块印刷电路板上，测量状态参数和报警信息集中于公共显示和报警电路。

该类系统因硬件电路板用得比较多而体积显得比较庞大，但同类电路板可以通用、互用。

2. 扫描监测式报警系统

扫描监测式报警系统又称巡回监测报警系统。目前它主要是微机控制监测系统，该类系统以一定时间间隔依次扫描检测各监测点的参数和状态，并将监测点参数逐一采集到系统的核心单元（微处理器），实现分时处理。因此，无论监测点有多少，该类系统仅需要一个中央处理单元。测量和报警信息集中于公共显示器显示和报警。

微机型扫描监测系统采样速度快、检测精度高，具有体积小、功能强和显示技术先进等优点。为了提高系统的可靠性和控制性能，近年来，已有越来越多的船舶采用分布式计算机监控系统，并由此把机舱的监测和报警系统构成一个以服务各自功能的计算机服务器为特征的小局域网络结构形式。

（三）船舶机舱监测与报警系统基本功能

一个完善的集中监测与报警系统，原则上应包括如下功能。

1. 故障声光报警功能

声光报警是监测与报警系统最根本的功能，只要监测点的状态发生异常或出现参数越限，系统就应该发出声光报警，以便警示及时处理问题。机舱中各种设备的运行是否正常，这是由其一些相关参数是否处于允许的上、下限范围内来判定的。大多数设备一旦发生故障，其相关参数越限后将无法自行恢复正常，只有在轮机人员把设备修复后，才能使其参数恢复正常，这一类故障报警称为通常报警或长时报警。有些重要设备常配备两套，一套运行，一套备用且有自动切换功能。当运行设备出现故障并发出报警后，自动切换备用系统运行，故障消失，在短时间内运行参数恢复正常，把这类故障报警称为短时报警。这两种故障的报警过程是不同的。

在正常运行期间，监测与报警系统不会发出声响报警，相应的报警灯（红色）熄灭。当运行设备出现通常故障时，系统立即发出声响报警，用以通知值班轮机员，同时相应的报警指示灯（或屏幕显示器的文字）快速闪亮，以指示故障的部位和内容。值班轮机员获悉这一信息后，应做出应答操作（按确认按钮或点击闪亮的文字），于是声响消失，报警指示灯（显示器文字）转为常亮以记忆故障，直到轮机人员排除故障，使参数重新恢复正常时，报警指示灯才熄灭。当出现短时故障报警时，系统也会立即发出声光报警，在值班轮机人员尚未做出应答操作前，由于运行设备已切换到备用设备使参数自动恢复正常，此时声响报警继续保持，而报警指示灯（显示器文字）以记忆报警状态。由“快闪”转为“慢闪”值班轮机人员获悉这一信息后，要到集中控制室进行应答操作，消声且报警灯（显示器文字）从“慢闪”直接熄灭。轮机人员要尽快修复切换下来的设备，使其处于完好状态作为备用。

2. 参数显示功能

参数显示能够显示机舱中所有运行参数的数值。常用的显示仪表有指针式显示仪表、数字式显示仪表和 CRT 显示器、液晶显示器等。报警指示常用红色指示灯或发光二极管，正常运行状态常用绿色指示灯或发光二极管。

3. 打印记录功能

打印记录可以有参数打印与故障报警打印两种。

参数打印记录有定时制表记录和召唤记录。定时制表记录是打印机以设定的时间间隔自动将机舱内需要记录的全部参数打印制表，轮机人员只要将打印纸整理成册，即可作为轮机日志。召唤记录也称随时记录，轮机人员可根据需要，随时打印当时的工况参数，可全点或选点打印检测点参数。

故障报警打印由监测系统自动进行。当被监测的设备发生故障时，自动启动打印机，打印故障名称、内容和时间；而在故障排除时，自动打印故障排除时间。

4. 延时报警功能

在报警装置中，一般均设有延时报警环节，以免发生误报警。根据所监测的参数不同，其延时时间有长延时和短延时之分。比如在监测液位时，由于随着船舶的摇摆，其液面会来回倾斜，造成虚假越限现象，类似这些情况可采用 2 ～ 30s 的长延时报警，在延时时间之内越限不报警，超过延时时间再发报警。另外，在运行期间报警开关会因外界干扰其开关状态将发生瞬间变化。比如，主机变速通过临界转速区时，船舶的激烈振动，某些压力系统的压力波动等都会使报警开关发生抖动，为避免误报警，可采用延时 0.5s 的短延时。

5. 闭锁报警功能

闭锁报警就是根据动力设备的不同工作状态，封锁一些不必要的监测点报警。例如，船舶在停港期间，主机处于停车状态，为此，主机的冷却系统、燃油系统、滑油系统等均处于停止工作状态，与这些系统相关的参数都会出现异常。因此，动力设备处于停车状态时，监测与报警系统必须闭锁有关监测点的报警。

6. 延伸报警功能

延伸报警功能是为无人值班机舱设置的。在无人值班的情况下，监测与报警系统必须将机舱故障报警信号分组后传送到驾驶台、公共场所、轮机长及值班轮机员住所的延伸报警箱。延伸报警通常按故障的严重程度来分组，可把全部监测点的报警信息分为四组：主机故障自动停车报警、主机故障自动降速报警、重要故障报警、一般故障报警。有时为了简化延伸报警，在值班轮机员住所的延伸报警箱上仅设置重要故障报警和一般故障报警两个报警指示灯。

7. 失职报警功能

在机舱无人值班的情况下，当监测与报警系统发出故障报警的同时，立即启动 3min 计时器，若值班轮机员未能在 3min 内及时到达集控室完成应答操作，即便已在延伸报警箱上做出应答，仍将被认为是一种失职行为，报警系统就使所有延伸报警箱发出声、光报警信号。报警系统发出失职报警后，只能在集控室进行消声，复位 3min 计时器后才能撤销失职报警。

8. 值班呼叫功能

值班呼叫主要用于轮机员交接班时的信号联络。如果大管轮与三管轮需要交接班，值班大管轮只要在集控室操纵台上把“值班选择”开关转至“三管轮”位置即可。这样，系统就会撤销大管轮的值班信号，而向驾驶台、公共场所和三管轮住所的延伸报警发出三管轮值班呼叫声响信号，值班指示灯闪光。三管轮获悉这一信息后要进行应答操作，这时报警呼叫声消失，值班指示灯从闪亮转为常亮，表示三管轮进入值班状态。以后，监测与报警系统会把故障报警信号传送到三管轮住所的延伸报警箱，而不再送到大管轮处。

9. 试灯试验功能

在集中控制室的操纵台上，装有试灯按钮和功能试验按钮。按试灯按钮，所有指示灯都要亮，不亮的指示灯要换新。按功能试验按钮，所有监测点全部进入报警状态，哪个监测点未报警表示该监测通道有故障。该功能可用于协助寻找故障部位。

10. 自检功能

监测与报警系统用于监测参数的运行值及越限报警。但是，监测与报警系统本身有故障，就会丧失这种正常的监测功能。为了确保监测与报警系统本身工作的可靠性，对一些重要环节，如传感器、闪光脉冲器、电源电压，电源保险丝等进行自动检测，只要其中之一发生故障，监测与报警系统将自动发出该系统故障报警。

11. 备用电源自动投入功能

要使监测与报警系统在全船失电的情况下能正常工作，就必须配备相应的备用电源。在主电源失压或欠压时，系统能自动启用备用电源，实现不间断供电。

二、单元组合式监测与报警系统

（一）单元组合式监测与报警系统概念、特点和组成

1. 单元组合式监测与报警系统系统概念

采用连续监测式的集中监测与报警系统中，每一个监测点均需要一个独立的监测和报警控制单元，整个监测与报警系统是由各个监测点的报警控制单元组合而成的，这就称为单元组合式监测与报警系统。中小型船舶的机舱集中监测与报警系统常用这种类型。

2. 单元组合式监测与报警系统特点

单元组合式监测与报警系统在硬件上所用的基本元件经历了分立的继电器、晶体管、集成电路等不同发展阶段。

在系统上，由传感器所检测的每个监测点的状态和参数值是相对独立地送到集控室，集中监测与报警系统将单独处理每个监测点的工作状态。通常，一个监测点或几个类型相同的监测点都要制作在一块满足集中监测和报警控制功能要求的模块式印刷电路板上。因此，在集中控制室的集中监测与报警控制柜中，这样的模块式印刷电路板有很多块。该电路板可提供显示监测点参数值的信号，当监测点运行设备发生故障或运行参数越限时，能提供故障

报警信号。同时，报警信号还能延伸送至驾驶台、公共场所、轮机长及值班轮机员住所，当然和打印机连接还可以打印故障报警。因此，轮机管理人员要管理好集中监测与报警系统，除要管理好所有传感器，使其处于完好的工作状态外，对于使用好嵌入了众多电路板的报警控制单元是十分重要的。

报警控制单元分为模拟量报警控制单元和开关量报警控制单元两种。它们的工作原理差异不大，不过，它们在越限报警值上有不同的调整办法。开关量报警控制单元的信号是开关，一般由温度开关、压力开关、液位开关等传感器来检测，调整越限报警值往往是在传感器上，通过调整其幅差来实现的。对于模拟量报警控制单元，其输入量是运行参数的模拟量，其越限报警值是通过调整印刷电路板上的电位器来进行的。

3. 单元组合式监测与报警系统的组成

驾驶台内、轮机长、轮机员和公共场合的延伸报警箱，集中控制室内的监视显示屏等监视仪器，以及机舱内的各监测点的传感器，这三部分一起组成了一套完整的机舱单元组合式监测与报警系统。

单元组合式监测与报警系统是按系统各功能环节来设计的，它把完成一个或几个功能的电路制作在一块模块式印刷电路板上，以构成一个相对独立的单元，并根据不同的要求把所需的功能单元组合起来，组成一个完整的系统。组成系统功能的单元有报警控制单元、报警器控制单元、闪光源单元、自检单元、显示单元、打印记录单元、延伸报警控制单元、主电源和应急电源、延伸报警箱等。

①机舱内各种需要被监测的设备上都要安装相应的传感器，以此对各个参数进行实时监测。获取监测与报警系统信息的重要装置是传感器，包括模拟量传感器和开关量传感器两个类型。模拟量传感器可以将监测到的参数形成一个变化的电信号，也可以称之为模拟量信息，它不但可以随时监测设备是否正常运行，又可以将各个监测点的参数进行及时的显示。开关量传感器将监测到的参数形成触点的闭合、断开两个状态，也可以称之为开关量信息。这种监测传感器只能用于监测设备的运行是否正常，不能显示各个参数的测量值。

②报警控制单元是监测与报警系统重要的核心单元之一。该单元又可以分为四种不同的类型，一是开关量报警控制单元，二是模拟量报警控制单元，三是主机排烟温度报警控制单元，四是马达转速报警控制单元。这种分类是以不同监测点的性质来划分的。报警控制单元接收传感器送来的现场信息与控制台送来的闭锁信号、功能试验信号和试灯信息进行逻辑判断，以控制报警指示灯的状态，启动声响报警，分组延伸报警及故障打印。其中模拟量报

警控制单元和排烟温度报警控制单元还可把所检测的参数送到显示单元进行显示，并在传感器发生故障时，将传感器故障信息送至自检单元，使系统进入自身故障报警状态。

③报警器控制单元用来控制机舱内的电笛和旋转报警灯以及集中控制室的蜂鸣器。

④闪光源单元用来提供系统所需快、慢闪的脉冲信号。

⑤自检单元用来检测系统的自身故障。

⑥显示单元用来指示模拟量报警控制单元送来的检测参数值或报警极限值。

⑦打印记录单元用来打印状态参数值及报警信息。

⑧延伸报警控制单元用来把报警控制单元中各监测通道送来的故障报警信号归类分组后，传送到各个延伸报警箱，以实现分组延伸报警功能。

此外，还有的监测与报警系统设有3min失职报警控制功能，它从故障报警控制单元发出分组报警信号时开始计时，直到接收到集控室消声应答信号时才复位。若计时时间超过3min，立即向各轮机员延伸报警箱发出失职报警控制信号，该信号要维持到接收到集控室消声应答信号为止。

（二）故障报警控制调整

下面对报警控制单元的开关量报警单元和模拟量报警单元电路的报警原理做详细介绍。

1. 开关量报警控制单元

开关量报警控制单元由三个部分组成，即延时环节、逻辑判断环节和输入回路。输入回路相当于一个接收器，传感器传来的开关信息都由其接收。若发现信号有异，则会发出报警，同时它还能识别试验信号，从而对监测点的故障信号进行模拟。延时环节的作用是对报警信号进行适当的延时，防止误报的情况出现。逻辑判断环节可以进行状态的记忆、逻辑的运算和报警的控制等工作。

报警原理：开关量传感器接收到的监测点的参数没有异常时，它的触点处于闭合的状态，输入回路也不会发出报警信息。这个时候，报警指示灯是熄灭的，报警也不会响起，故障打印也不会启动。若监测点的设备出现异常情况或者参数有异时，传感器的触点就会处于断开的状态，输入回路在接收到异常参数时，就会进行报警信号的传输，并通过延时环节和逻辑判断环节的验证后进行报警。

报警内容包括：①控制报警指示灯，使之快闪、慢闪、平光或熄灭；

②启动共用报警器控制单元，向集控室和机舱发出声光报警；③输出分组报警信号到延伸报警单元，进行归类分组后控制延伸报警箱实现分组报警；④启动报警记录打印机，记录故障发生时间和报警内容。逻辑判断环节除了接收报警信号外，还接收闭锁、消闪、闪光和试灯信号。

根据持续时间的长短，报警可分为长时报警和短时报警。长时报警是报警长时间存在，而短时报警则是发生报警后，短时间内外部输入信号恢复正常，报警自行消失。

在发生报警时值班轮机员首先应按“确认”按钮（俗称“消音”按钮），以消除声响，然后按“消闪”按钮，若长时间报警，则逻辑判断环节将使报警指示灯从快闪变成平光，以指示故障状态。这个时候，轮机员需要做好适当的报警处理。排除了故障以后，监测点的参数就会恢复正常，传感器的触点又一次处于闭合的状态，报警指示灯也会熄灭。如果在还没有进行确认按钮的操作时，监测点的参数就已经恢复，传感器触点也已经闭合了，即报警指示灯的闪亮逐步由快至慢的时候，轮机员应该先进行消声的操作，然后执行消闪的操作，这样的话，指示灯就会熄灭了。

开关量传感器的上限和下限的设定，由开关量来控制。比如压力传感器采用压力继电器时，它的上限设定值就是它的下限设定的压力加上它的幅差，下限的设定以下限压力为标准。

2. 模拟量报警控制单元

模拟量报警控制单元有四个部分组成，即延时环节、逻辑判断环节、比较环节和测量回路，以下简单介绍后两种。

测量回路的工作是转换传感器传送过来的模拟量信号，使其变成电压信号，并将其作为监测点的参数测量值，同时可以向自检单元发送传感器的异常情况。比较环节的工作是鉴别故障报警信号，通过对比测量值和报警设定值，超过设定值时则会将信号传送给延时环节。对各项功能进行试验时，比较环节若能够接收试验信号，并发出相应的报警信号，则证明控制单元正在正常工作，反之，则证明控制单元的工作有异常情况。模拟量报警控制单元中的延时环节和逻辑判断环节的工作原理和开关量报警控制单元中的这两个环节是一样的。不过，延时环节并不需要设置在所有的模拟量报警控制单元中，而只设置在有延时报警需要的监测点通道中即可。

调节电位器的阻值就可以改变报警上、下限整定值。一般用螺丝刀作小调，设定完成要锁紧电位器滑臂。

第三节　船舶控制、报警和安全系统的基本要求

机舱内各项机电设备应对其安装的控制、报警和安全系统提出一些基本要求。

一、对船舶控制的基本要求

①机舱的机电设备应能在驾驶室或监控室（监视室）或机旁进行控制。

②驾驶室、操纵台的操纵开关、仪表应易于辨别，带照明的仪表、指示灯和可见报警灯信号的亮度应不妨碍值班人员夜间正常操作。

③当船舶在任何状态航行时，对设有遥控主推进装置的各控制处所之间，应能进行有效的控制转换，且转换时应不影响船舶的运行状态。机旁控制转换为遥控或自动控制应只能在机旁进行；监控室与驾驶室之间的控制转换应只能在监控室进行。在各个控制处所都应设有表示某控制处所正在进行控制的指示。

④报警装置应设有显示器和控制器，该装置应对有关设备进行监视和便于查出故障。

⑤在机舱、监视室或监控室与驾驶室之间应设有通信设备。

⑥控制系统应使机电设备在其工作范围内稳定运行。

⑦有遥控和自动控制时，应在有关的控制处所装设相应的显示仪表，以便进行可靠的监视和控制。在主机机旁也应设置必要的显示仪表，以便进行值班监视和保证机械有效的运行。

⑧遥控和自动控制系统的机电设备应设有机旁控制，以便在遥控和自动控制系统失灵时进行操作控制。

⑨在控制系统动力源失效时，应进行声光报警，并不能使被控设备出现不安全状态。

二、对报警系统的基本要求

①报警系统是一个独立的系统，当控制系统发生任何故障时，应不妨碍报警系统工作。

②报警系统的报警应同时发出声光信号，且应有应答消声装置，排除故障后，声光报警器应能自动复位。

③报警系统应有自检功能。报警系统在自身电源线路的熔丝熔断及传感器至报警装置的线路短路或断路等情况发生时，应能进行报警。

④报警系统应对无意义的信号有自动闭锁的设施。在对设备的故障点设

有补救设施时，为了便于对自动纠正的短期故障进行查找，报警系统应在应答前使报警信号予以锁定。

三、对安全系统的基本要求

①当机电设备发生严重故障时，安全系统能自动或手动地产生保护性的动作，使其能恢复正常运行或切断燃油、电源，使设备停止运行。

②安全系统与控制系统、报警系统是分开的，控制系统和报警系统失效或发生误动作应不影响安全系统的工作。

③如果机电设备某一个安全系统失效，不能妨碍机电设备其他安全系统的工作。

④当安全系统起作用致使某一设备停止运行时，在没有手动复位前，该设备不能自动再启动。

⑤安全系统的越控设施投入工作时，应在有关的控制处所予以指示。当越控结束后，安全系统的保护功能应能自动恢复。

第四节　船舶火灾报警系统自动化技术

在船上，早期发现的火灾很容易扑灭，所造成的损失也很小。但是，在茫茫大海中航行的船舶，火灾若没及早发现而一旦蔓延起来，由于孤立无援，其后果不堪设想。

为了防患火灾，人们着手开始研制火灾报警装置，并很快投入使用。随着技术的发展，单一功能的火灾报警器逐步被既能发现火灾并报警，又能联动灭火、排烟，还能联动防火分隔的智能化火灾自动报警系统所取代。[①]

在机舱或货舱，火灾初期一般先有烟雾、不正常的温升和火光。因此为了及早地发现火灾，可以借助各种传感器（自动探测器）将烟、热或光信号变成电信号，然后送入报警控制单元进行信号处理，发出报警及其他控制信号。这就是船舶火灾自动报警系统的工作原理。

在某些特种船舶如滚装船、火车渡船及液化气体船中，往往在某些舱室内装设可燃气体探测器，用来监测可燃气体的浓度，以防止可能引起的燃烧和爆炸。

一、船舶火灾自动报警系统的类别

在船舶上，根据安装区域和探测介质的不同，火灾自动报警系统主要分

---

① 雍强．船舶机舱监测报警系统的研究与设计［D］. 大连：大连海事大学，2014.

为三种类别：用于舱室的火灾自动报警系统、用于干货舱的火灾自动报警系统及易燃气体探测系统。

（一）用于舱室的火灾自动报警系统

一套船舶舱室火灾自动报警系统主要由探测器（含手动报警按钮）、中央控制单元（消防中心）、联动控制器、区域报警屏（火灾区域显示器）、通信广播系统等五部分组成。

1. 探测器（含手动报警按钮）

探测器对接受测试的环境中的光源、热源以及烟源等物理量进行监测，然后将监测数据转换成电信号，并将其传递给用于报警的控制器。通常，人员出入频繁的走廊、楼梯口、通道等明显的位置，会安装有手动的报警按钮。探测器主要包括三种：感温类探测器、火焰类探测器、感烟类探测器。

2. 中央控制单元（消防中心）

中央控制单元（消防中心）一般安装在驾驶台或消防控制中心内，主要有报警控制器和联动控制器。目前船舶上应用的报警控制器主要有继电接触器控制、可编程控制器（PLC）控制及计算机控制等三种，其作用是接收火灾探测器从监控现场发送来的火灾信号，经过处理后发出声光火警报警信号并显示火警的区域部位，以便船员及早采取灭火措施。报警控制器主要实现以下功能。

①火警发生时发出声光报警信号并指示火警发生的位置。声响信号可以手动切除，但不能影响下一次火灾报警。

②对报警指示设备的输入输出线路进行监控，报警控制器这些故障，如外部探测器和警铃线路的开路故障、系统内部故障（电源故障、指示灯故障、接地故障、保险丝损坏）以及主控制箱的门是否打开等，都能自动发出声光报警信号，并显示具体故障部位。火灾报警声光信号与机舱设备故障声光信号有明显区别，消声功能与火警相同。

③火警与故障信号有记忆功能，只有在火警和故障已经消除，并由人工复位后方能恢复正常。

④具备手动模拟测试条件，方便检测设备是否正常。

⑤每一火灾探测分路可以切断，以便对某一分路进行检查维护，并且设有切断的指示等显示。

⑥配置有主副电源，可以自动转换，保持不间断供电。

⑦具备某些辅助功能。

⑧满足船用的环境条件试验要求。

3. 联动控制器

联动控制器安装在消防控制中心内，连接报警控制器送来的火灾信号，通过控制电路模块向有关的消防设备如防火门、风机、油泵、水喷淋系统、二氧化碳施放装置等发出控制命令，同时查询设备的执行情况。

4. 区域报警屏（火灾区域显示器）

船员的生活区以及机舱的中控室都会安装区域报警屏。报警屏不仅能够接收报警器的信号，显示外围连接电路中的故障信号，而且还能对火灾的区域做出指示。一旦发生火灾，报警屏能够发出声音和光源报警信号，并且报警信号能够在报警屏上获得复位。

5. 通信广播系统

船舶消防控制中心会安装有广播系统的主体扩音设备，现场还安装有电话的分机以及喇叭等设备。语音报警信号可以自动发出，也可以手动发出。

（二）用于干货舱的火灾自动报警系统

船舶大舱烟雾报警系统的主要目的是检测干货舱内是否发生火灾，如有失火的征兆及时发现，以便采取灭火措施，也有的船舶可以自动施放二氧化碳进行灭火。该报警系统通常采用抽烟式系统，由抽风机、管道、烟雾探测装置和报警指示设备组成，若货舱发生火灾，烟气通过管道被抽吸到安装在驾驶室的烟雾探测装置，则报警指示设备发出声光报警信号。此时，驾驶台值班人员便可根据控制箱屏幕上相应的指示，判断失火的货舱，采取相应消防措施。此外，被抽吸的烟气可以通过旁路控制开关，直接排放到驾驶室，以便值班人员可以通过嗅闻证实是否属于火灾的烟气。

货船大舱烟雾检测系统可以持续地对多个货舱进行检测。通过连接管持续将货舱的空气样本输送到烟雾探测传感器。通常情况下货船大舱烟雾报警和检测这两个系统都可以连接到管线网络，安装在驾驶台的液晶显示单元对烟雾报警和故障警报（气压低、堵塞等）进行遥控显示，同时也连接到烟雾检测显示面板上。

货船大舱烟雾检测系统包括：采样管线、安装在货舱的采样分析单元、风机组、显示和报警单元、复式器（分组延伸报警显示）。

货船大舱烟雾检测系统监测原理：通过电缆将烟雾探测器输出的 4 ～ 20mA 信号连接至系统的采集分析单元，报警显示箱面板上的报警显示单元显示不同的报警信息。当有烟雾浓度超出设定值时，产生声光报警信号，可使用前面板上的“消声”“定光”按钮对报警进行报警确认、报警消声、定光等操作。

（三）用于易燃气体探测系统

滚装船、车渡船和油气类船舶等往往在货舱区域需要载运车辆和油气品，这些船的某些舱室可能聚集较多的易燃气体。易燃气体的密度通常要重于空气，所以它较难被驱散。一旦易燃气体的浓度大于爆炸的定额，遇到明火就有可能发生燃烧或爆炸。因此，船舶上都需要安装易燃气体的探测设备，以检测是否有易燃气体存在或浓度是否达到危险程度。

二、船舶火灾探测方法及探测器

（一）火灾探测方法

火灾探测的目的是及早发现火灾，它的探测依据是物质燃烧过程中产生的各种现象。通过对可燃物的火灾特点进行分析，研究物质在燃烧过程中所形成的物质和能量的转换，可以总结出探测火灾的不同方法。①

（二）火灾探测器

在火灾自动报警系统中，火灾探测器是其中的重要组成设备。探测器中需要有一个传感器，能够对火灾进行连续的监测，或者对火灾的化学和物理现象进行一定频率的周期性监测，并且需要向指示以及控制设备传递相应的信号，控制指示设备以及探测器，并据此判断是否应立刻对消防设备进行控制并发出火灾警报。简而言之，火灾探测器是对化学以及物理现象中，与火灾相关的情况，进行探测的专用装置。

通常，火灾探测器由四种器件组成：信号处理单元，火灾判断电路，测量元件，火灾参数传感器。火灾信号必须借助物理或化学作用，由火灾参数传感器或测量元件转换成某种测量值，经过测量信号处理电路产生用于火灾判断的数据处理估量，最后由判断电路产生报警信号。对于直接产生模拟量信号的火灾探测器而言，火灾传感器输出的测量信号经过信号处理电路直接数据处理后，产生模拟量信号并传输给火灾报警控制器，最终由火灾报警控制器实现火警判断功能。

目前的火灾探测器种类主要有四种类型：可燃气体探测器，感光式火灾探测器，感温式火灾探测器，感烟式火灾探测器。由于船舶上感烟式、感温式火灾探测器使用较多，故分别对这两种探测器介绍如下。

1. 感烟式火灾探测器

现代船舶中普遍都会安装感烟式火灾探测器。据统计，有 70% 以上的火

---

① 陈晓，蒋帅，陈玲．船舶火灾探测器配置方案 [J]. 船海工程，2018，47（6）：153-156.

灾能够被火灾探测器所感知。感烟式火灾探测器主要有两种：一种是离子感烟式火灾探测器；另一种是光电感烟式火灾探测器。

（1）离子感烟式火灾探测器

离子感烟式火灾探测器采用空气电离化探测火灾。根据其内部电离室的结构形式，又可分为双源离子感烟式和单源离子感烟式。

①双源离子感烟式火灾探测器。在实际中，探测器由开式结构且烟雾容易进入的检测用电离室与闭式结构且烟雾难以进入的补偿用电离室反向串联连接而成，两个电离室内各放有一块放射性镅 241 片，不断放射出 α 粒子，使电离室内空气部分电离，检测电离室一般工作在其特性的灵敏区，补偿电离室工作在其特性的饱和区，即流过补偿室的离子电流不随其两端电压的变化而变化。

当有烟雾进入火灾探测器时，由于烟雾粒子对带电离子的吸附作用，使检测用电离室内特性曲线发生变化，从而形成电压差，其大小反映了烟雾粒子浓度的大小。经电子线路对电压差的处理，可以得到火灾时产生的烟浓度的大小，用于确认火灾发生和报警。

采用双源反串联式结构的离子感烟火灾探测器可以减少环境温度、湿度、气压等条件变化引起的对离子电流的影响，提高火灾探测器的环境适应能力和工作稳定性。目前双源离子感烟式火灾探测器在船舶中应用较多。

②单源离子感烟式火灾探测器。单源离子感烟式火灾探测器电路的检测电离室和补偿电离室由电极极板构成，共用一个镅 241α 放射源。在火灾探测时，探测器的烟雾检测电离室（外室）和补偿电离室（内室）都同在其特性曲线的灵敏区，利用极电位的变化量大小反映进入的烟雾浓度变化，实现火灾探测和报警。

对于单源离子感烟式火灾探测器来说，其补偿电离室以及检测电离室通常都是敞开式的结构，变化着的环境条件会对两者产生相同的影响，因而对于环境中微小颗粒所发生的变化，两者都有较强的适应能力。特别需要指出的是，单源离子感烟式探测器有着很强的抗潮湿能力。但是，目前所使用的双源离子感烟式探测器也可以对参数做出调整，从而大大提高抵抗潮湿的能力。

对于离子感烟式火灾探测器来说，电子线路的布设方式不同，处理信号的方式也会不同，探测器的形式也会有所区别。

镅 241 的半衰期为 485 年。单源离子感烟式探测器具有灵敏度高、寿命长的优点。

（2）光电感烟式火灾探测器

光电感烟式火灾探测器利用火灾产生的烟雾改变光敏元件受光的强弱而发出警报信号。烟雾粒子对于光有着不同的散射和吸收作用，也就形成了探测器的两种不同类型：一是遮光式光电感烟火灾探测器；二是散射光式光电感烟火灾探测器。

遮光式光电感烟火灾探测器。烟雾粒子能够对光源所产生的光，产生散射和吸收作用，光路上的光通量会相应减少，受光元件所产生的光电流也会降低。烟雾的浓度大小能够通过初始标定值的对比得出。在此基础上，火灾的信息可以通过电子电路加以放大，探测器还能对火灾的相关参数进行运算，最终的火灾信号会通过传输电路发出。

散射光式光电感烟火灾探测器。遮光暗室中的烟雾粒子，会对光源发出的光形成散射作用。这时受光元件若处于夹角位置，它就会阻抗光电的变化，光电流也会因此产生。散射光的强与弱会影响光电流的大与小，并且烟粒子的着色情况、粒子直径的大小以及粒子的浓度也会与之产生一定的关系。烟粒子的浓度达到相应的值时，散射光所发出的能量就能形成相应量的光电流，此时，火灾信号就可由位于暗室之外的信号处理电路及时发出。这种信号处理线路处理数据的方式有所不同，线路结构也有所不同，由此就会构成火灾探测器的不同类型。

散射光式光电感烟火灾探测器有着独特的构成原理，它的传感器实际上就是一套光学系统。当火灾发生时，会产生烟雾，光的传播特性会受到这些烟雾的影响，这种影响可以通过电的形式表现出来，并且可以被利用。

2. 感温式火灾探测器

火灾初起时，一些热敏元件能够敏锐地探测到火灾的发生，尤其是有着水蒸气、油雾以及粉尘存在的空间，感烟式火灾探测器无法使用，在此状况下更适宜使用感温式火灾探测器。对于一些人员集中或较为重要的场所，火灾监控系统需要更加可靠，系统的功能需要更加完善，自动灭火系统的运作必须更加准确而及时，因而需要同时使用这两种火灾探测器。若根据所发挥的作用来区分，感温式火灾探测器可以分为以下三类。

①定温式火灾探测器。定温式火灾探测器在规定时间内，火灾引起的温度上升超过某个定值时启动报警。它结构简单，可靠性高，误动作少，动作温度一般分为60℃、70℃及90℃三种。由于冬季或夏季环境温度变化，对探测器的反应时间有一定影响。这类探测器的缺点是灵敏度较差，适用于厨房、锅炉间、烘衣间等。目前，常用的定温式火灾探测器有双金属片、易熔合金和热敏电阻几种类型。这种定温探测器由热膨胀系数不同的双金属片和固定

触点组成。当环境温度升高时，双金属片受热膨胀向上弯曲，使触点闭合，输出报警信号；当环境温度下降后，双金属片复位，探测器状态复原。

②差温式火灾探测器。差温式火灾探测器在规定时间内，火灾引起的温度上升速率超过某个规定值时启动报警。典型结构的差温式火灾探测器是根据局部的热效应而动作的，主要感温元件有空气膜盒、热敏半导体电阻等。

③差定温式火灾探测器。差定温式火灾探测器将定温式和差温式两种探测器组合在一起。若其中某一功能失效，则另一种功能仍然起作用，因此，差定温式火灾探测器大大提高了火灾监测的可靠性，在船舶中应用较多。差定温式火灾探测器一般多是膜盒式或热敏半导体电阻式等典型结构的组合式火灾探测器。差定温火灾探测器按其工作原理，还可分为电子式和机械式两种。

电子式差定温火灾探测器在当前火灾监控系统中应用较普遍。它的定温探测和差温探测两部分都是由半导体电子电路来实现的。

机械式差定温火灾探测器的差温探测部分与膜盒型差温火灾探测器基本相同；而定温探测部分则与易熔金属型火灾探测器相似，其工作原理是，弹簧片的一端用低熔点合金焊接在外罩内壁，当环境温度达到标定温度值时，低熔点合金熔化，弹簧片弹回，压迫固定在波纹片上的弹性触片，使之与调节螺钉接触而接通电源，发出电信号（火灾信号）。

（三）手动报警按钮

手动报警按钮的功能基本等同于火灾探测器的功能。探测器的报警是自动进行的，而手动报警按钮需要人工进行操作。这两种报警方式都是向报警指示设备传输报警信号，让报警信号及时发出的。

手动报警按钮的设置场所一般包括公共舱室、船舶控制站、人员出入频繁的走廊以及通道等。当乘客、工作人员观察到有火灾发生，可取得悬挂的小锤，将玻璃击碎，手动报警按钮就会向报警设备自动发出报警信号，位于按钮上的确认灯会亮起，提示信号已成功发出。通常只要击碎玻璃，手动报警按钮就会自动运行，但有时也需要在击碎玻璃后手工按下按钮。

《国际海上人命安全公约》（《SOLSA》）公约做出过明确的规定，即在船舶的每一个通道口都需要安装有手动报警按钮；每一层甲板的走廊都应当安装手动报警按钮，并且这些按钮要便于报警人进行操作，手动报警按钮距走廊内的任何部位的距离都应小于20m；报警按钮尽量与应急照明灯的位置接近，与甲板地面相距高度约为1.4m。

（四）火灾探测器的接线形式

在船舶的实际安装过程中，控制器与火灾探测器通常采用并联的方式进行连线，也就是将多个火灾探测器的信号线并联起来，经过连接的火灾探测器仅有一个探测回路，每个火灾探测器都有各自的地址编码，不同探测部位的火灾信息可以实现持续监测和及时传送。通常会在每个探测回路处设置一个终端电阻，有时设置的是齐纳二极管，如果监测处于正常状态，终端电阻会形成一个监测电流，此电流通常为 μA 级。一旦发生火灾，探测器会形成一个报警电流，此电流通常为 mA 级。我们所说的并联关系主要有两种不同的形式：一是多个火灾探测器的信号线通过一定的关系组合在一起，成为一个部位或一个地址的信号线，然后输入报警装置中，比如用于机舱内一些区域的火灾监控；二是多个火灾探测器的信号线通过简单的方式进行并联，并送到报警装置之中。比如地址编码的火灾探测器中，控制器与探测器之间的通信可以通过二总线来完成，从而发挥不同的监控作用。1996 年出现了新型传感器，火灾自动报警中可设置 CPU，环境的相关参数的变化规律也实现了预判，报警装置变得更加智能化，也更加准确。

目前所使用的火灾报警系统主要通过二线制的接线方式、三线制的接线方式、四线制的接线方式三种方式来对探测器进行连接，但实船中一般不使用三线制的接线方式。

二线制接线方式中，信号线与电路的电源线是重合设置的。若火灾探测器处于正常状态，内部的接线柱会在通电后实现闭合，电源能够被送至下一个探测器。在终端的探头上，通常会设置一个终端设备，这一设备大多为齐纳二极管或电阻。当处于正常的监测状态时，系统会产生一个监测电流。若发生火警，位于电源两端的电阻会出现急剧下降，此时会有较大的动作电流产生，经过系统内部的相应处理，然后会发出声源或光源的报警。若有一个探头出现故障，那么就无法实现内部接线柱的闭合，电源端也会开路，经过系统的处理后，这些故障会得以显示。

四线制接线方式的工作原理类似于二线制的接线方式。通过四线制接线方式接线的电路当中，信号线同电源线通常是分开设置的。

无论采取哪种接线方式，以下功能必须具备：一是能够检测到探测器是否出现脱落现象；二是能够检测到探测器的故障失效情况；三是能够检测到线路开路的故障情况；四是能够检测到终端电阻是否脱落；五是能够检测到火灾报警状态是否正常。

参考文献

[1] 单海校 . 船舶电站及其自动化 [M]. 北京：海洋出版社，2016.

[2] 孙旭清，何吉庆 . 船舶电机与电气控制系统 [M]. 大连：大连海事大学出版社，2005.

[3] 孙旭清 . 船舶电气设备 [M]. 大连：大连海事大学出版社，2007.

[4] 王文义 . 船舶电站 [M]. 哈尔滨：哈尔滨工程大学出版社，2006.

[5] 赵殿礼，张春来 . 船舶电站控制与管理技术 [M]. 大连：大连海事大学出版社，2009.

[6] 赵殿礼，张春来 . 船舶电气设备与系统 [M]. 大连：大连海事大学出版社，2009.

[7] 赵殿礼 . 船舶辅机电气控制系统 [M]. 大连：大连海事大学出版社，2003.

[8] 郑华耀，赵殿礼，吴庚申 . 船舶电气设备及系统 [M]. 大连：大连海事大学出版社，2005.

[9] 曹玉姣 . 船舶机舱自动化监控系统研究 [J]. 中国水运（下半月刊），2010，10（12）.

[10] 陈念宁 . 船舶电气自动化系统的现状及发展 [J]. 广东造船，2005（4）.

[11] 陈晓，蒋帅，陈玲 . 船舶火灾探测器配置方案 [J]. 船海工程，2018，47(6).

[12] 崔守娟，栾荣华，张萍华 . 船舶电站自动化系统的抗干扰分析 [J]. 农业装备技术，2016，42（6）.

[13] 董飞，魏文轩，王庆红，等 . 船舶电网的配电装置设计软件 [J]. 中国水运（下半月刊），2011，11（2）.

[14] 高国章，章世鹏，高岚 . 基于自抗扰控制技术的船舶发电机励磁系统研究 [J]. 舰船科学技术，2018，40（11）.

[15] 高寒 . 船舶电气自动化中几个重要技术的应用 [J]. 黑龙江科学，2016，7（13）.

[16] 胡丽 . 船舶电气自动化技术应用及发展趋势研讨 [J]. 工程技术研究，2018（1）.

[17] 华春梅 . 船舶电站自动调频调载方案设计 [J]. 船舶职业教育，2018，6(6).

[18] 贾君瑞.船舶电站并车控制系统的研究[J].中国航海，2012，35（3）.
[19] 李建宇.船舶电气自动化关键技术研究[J].科技创新与应用，2016（29）.
[20] 李哲.船舶电气自动化的发展及故障排除[J].电子技术与软件工程，2016（19）.
[21] 林锡坤，韩颜.浅析船舶机舱监测报警系统应用现状及发展趋势[J].科技资讯，2018，16（14）.
[22] 刘擘.浅析船舶自动化技术现状[J].船电技术，2012，32（3）.
[23] 马善伟，臧军，刘赟.船舶自动化系统若干关键问题研究[J].上海造船，2011（1）.
[24] 丘苑锋.船舶电气设备的安全用电与管理维护探析[J].珠江水运，2017（16）.
[25] 随海旺.船舶电气自动化系统可靠性的保障技术探究[J].中国高新技术企业，2013（30）.
[26] 孙建红，高捷.船舶配电监测系统设计研究[J].中国舰船研究，2010，5（2）.
[27] 王家林，夏立，吴正国，等.船舶电力系统智能保护关键技术探讨[J].电力系统及其自动化学报，2012，24（4）.
[28] 温莉.对船舶高压供配电装置中几个问题的探讨[J].江苏船舶，2017，34（4）.
[29] 谢建宏.船舶自动化技术的应用与发展研究[J].山东工业技术，2018（10）.
[30] 杨宇博.船舶电气自动化系统的稳定性保障机制研究[J].信息系统工程，2015（1）.
[31] 印爱荣.浅析船舶电气设备的安全管理与维护[J].机电信息，2014（18）.
[32] 章建峰，万鹏，鲍陈磊，等.船舶交流智能分配电技术研究[J].船舶工程，2015（5）.
[33] 赵继广.电磁感应研究[J].科技风，2018（27）.
[34] 赵忠国.船舶电气自动化系统可靠性保障技术探究[J].科技创新与应用，2016（12）.
[35] 郑华耀，沈苏海.计算机技术和船舶自动化机舱探索[J].中国造船，2013，54（2）.